불순한 테크놀로지

국립중앙도서관 출판시도서목록(CIP)

불순한 테크놀로지:
오늘날 기술·정보 문화연구를 묻다
지은이: 이광석, 원용진, 김상민, 이길호,
이영준, 임태훈, 조동원, 최빛나, 송수연.
– 서울: 논형, 2014
　　p. ;　cm
ISBN 978-89-6357-159-1 94300 : ₩15000

정보화 사회[情報化社會]
문화(문명)[文化]

331.5412-KDC5
303.4833-DDC21　　　CIP2014021156

불순한 테크놀로지

오늘날 기술 · 정보 문화연구를 묻다

이광석 엮음

원용진 · 김상민 · 이길호 · 이영준
임태훈 · 조동원 · 최빛나 · 송수연

논형

불순한 테크놀로지
오늘날 기술·정보 문화연구를 묻다

초판 1쇄 인쇄 2014년 7월 20일
초판 1쇄 발행 2014년 7월 30일

지은이 이광석 외
펴낸곳 논형
펴낸이 소재두
등록번호 제2003-000019호
등록일자 2003년 3월 5일
주소 서울시 관악구 성현동 7-77 한립토이프라자 6층
전화 02-887-3561
팩스 02-887-6690
ISBN 978-89-6357-159-1 94300
값 15,000원

들어가는 글

최근 들어 적정기술, 스마트웹 문화, 메이커 문화, 해킹과 공유 문화, 잉여 문화, 빅데이터 문화 등 새롭고 다양한 기술·정보문화의 흐름이 여기저기 눈에 띄고 있다. 이 책은 이같은 문화연구 지층의 변화를 주목하며, 기술·정보문화의 이론과 분석에 대한 새로운 학술적 상상력을 담아내려 했다.

이 책의 내용은 크게 보아 두 연구 영역으로 나뉜다. 편집자의 총론을 포함한 1부(토폴로지)에서는 기술·정보 문화연구에 관한 이론적 계열과 배치의 위상학적 탐구를, 2부(크리틱)에서는 기술문화 비평의 여러 갈래들과 방법 그리고 실제 제작 기술의 현상태를 고민하고 있다. 독자는 기술·정보 문화연구의 서로 다른 학문적 배경, 서로 다른 접근 층위(이론-비평-실천)에서의 접근법을 관찰해보면서 기술정보 문화연구의 스타일의 개방성을 감상하시길 권한다.

총론격인 이광석의 글은 이 책의 핵심 개념인 '기술·정보 문화연구'의 개념화와 학문적 영역화에 초점을 맞추고 있다. 총론은 기술정보 문화 분석의 고질적인 기술주의적 서술과 구조없는 기술 주체의 낙관론을 벗어나, 새로운 비판적 태도이자 방법으로서 '기술·정보

문화연구'를 제안한다. 이론적으로는 과학기술학 내 사회적 구성주의
의 중층적이고 두텁게 사회문화적 맥락을 드러내는 관점 그리고 주
체 형성의 권력 관계를 밝히는 '비판적' 문화연구의 전통을 적극 수용
할 것을 주장한다. 이 두 가지 이론적 태도에 덧붙여, '기술 · 정보 문
화연구'는 정보기술 현실과 문화 해석의 주어진 지평을 넘어서서 대
안을 구상하는 실천적 태도가 필요하다고 본다. 즉 일상 기술과 미
디어의 문화정치적 가능성에 근거한 실천과 행동주의 연구의 경향과
방법이 중요하다고 판단한다. 말미에서는, 이론-비평(해석)-현장의
세 층위에서 실천적 개입을 요하는 기술 · 정보 문화연구의 새로운
확장 영역들을 제시하고 그 함의를 밝힌다.

 본문은 크게 1부 토폴로지와 2부 크리틱으로 구성했다. 1부는 기
술 · 정보 문화연구라 영역화하는 데 있어서 그 위상학적 배치와 배
열에 힘을 돋우는 논의들이다. 반면 2부의 글들은 보다 실험적이고
기술 · 정보 논의의 인문학적 비평에 가깝고 현실 기술 · 정보 문화지
형의 한복판에 있는 필자들의 목소리들을 담았다.

 1부 3개의 글은 각자 자신의 영역에서 특정의 개념화 작업을 통해
기술 · 정보 현상의 적극적 해석을 시도하는 논의로 구성되어 있다.
먼저 김상민과 조동원은 각자 '잉여'와 '해킹'의 맥락화를 통해 문화연
구의 기술 · 정보 층위의 새로운 영역 발굴과 자신만의 독특한 이론

적 개념화를 시도하고 있고, 이길호는 '사이버스페이스'의 인류학적 장소 접근법이 왜 중요한지를 흥미롭게 전개하고 있다.

1장의 김상민은 한국사회에서 '잉여'라 지칭하는 문화 현상을 본인만의 뉴미디어 연구의 틀로 진단한다. '잉여'에 대한 포착을 위해 그는 잉여를 배태하는 정치경제학, 미시적 주체들의 잉여적 행동관찰의 인류학 그리고 이를 아우르는 소셜웹 환경의 새로운 미디어의 작동방식에 주목할 것을 요청한다. 김상민이 보는 '잉여'는 단순히 자학적 청년세대의 자기호명만이 아닌 "새로운 미디어 자본주의 혹은 커뮤니케이션 자본주의의 호명에 응하는 우리의 대답"에 해당한다. 후자의 영역에서 보자면, 잉여는 "미디어의 정치경제적 지배와 사회적 관리라는 복잡한 권력 관계의 네트워크 속에서 구성되는 주체 형성의 계기인데, 이는 동시에 새로운 자본주의 가치 축적 체제의 부름을 받은 주체로 스스로를 대상화하는 문화적 현상"이기도 한 것이다. 김상민이 이처럼 자신의 접근법으로 가져온 '잉여미학' 논의는 바로 서구 학자들의 '인지' 자본주의 논쟁이나 '정동'(affection)에 대한 분석 성과를 공유하지만 대단히 한국적인 청년세대들의 후기−자본주의 체제 (재)생산 내 존재론을 문화인류학적 지평으로 확장하려 한다는 점에서 독창적이다.

2장에서 조동원은 정보기술이 '환경화'하고 있는 오늘의 현실에서

'해킹'의 전술적 의미 수용을 부추킨다. 왜냐하면 해킹과 이에 의해 만들어지는 해킹 문화는 우리가 흔히들 받아들이고 있는 "의사자연적 사회기술적 시스템의 인위적 구성을 해체하는 실마리"를 주기 때문이다. 해킹은 현대 테크노권력의 일상화된 지배 속에서 가려졌던 것들을 드러내 기술의 새로운 '역공정'과 '재형성'을 통해 환경화된 권력 기술을 대중의 것으로 가져오기 때문에 주목할 필요가 있다고 본다. 불법 범죄화된 크래커들의 '블랙 햇'(Black Hats)의 묘사나 선의의 해커들을 상징하는 '화이트 햇'(White Hats)의 이분법적 구도를 넘어서서 조동원은 기술과 권력의 동맹 관계를 탈신화화하는 해킹 문화연구의 접근과 분석이 중요하다고 말한다. 해킹은 오늘날 기술권력에 의해 지층화하는 "정보기술의 지배적 설계 구조를 다시 뜯어볼 수 있는 극적인 계기이자 문화적 현상"이기에 기술현실의 민낯을 드러내기도 하지만 대안적 재구성 논의와 직접적으로 연결된다고 볼 수 있다고 평한다.

이길호는 3장에서 '사이버스페이스'의 내생적 원리와 독립적 가치에 대해 주목할 것을 차분히 설득한다. 무엇보다 이제까지 사이버공간을 "현실에 부차적인" 인공 재현이나 상상의 영역으로 간주하는 반영론적 시각을 반박한다. 그는 사이버스페이스를 물리적 공간의 확장이나 반영 "영역이 아닌 궤적으로서의 공간적 특성"을 봐야한다고 얘기하면서, 그것의 내적 공간 논리인 "장소의 구축을 통한 공간의 (재)형성"을 봐야 한다고 말한다. 전자공간은 현실의 반영물이 아닌 다양한 이용자들이 관계 맺고 이동하는 행위의 공간, 즉 '장소적 행위성'의 새로운 공간 영역으로 인지해야 한다는 것이다. 그가 이렇듯 제기하는 사이버스페이스의 인류학적 접근을 상실한다면, 사이버스페이스의 독자적 분석과 그것의 학적 대상화가 제대로 이루어질 수 없다고 본다. 이길호는 이미 그의 책 『우리는 디씨』의 분석처럼, 현실의 구조적 맥락에 얽혀있으면서도 새롭게 구분되는 전자화된 장소들의 또 다른 "내적인 맥락을 가시화하는 것"이 기술 · 정보 문화연구에서 견지해야할 자세로 보고 있다.

　1부 토폴로지에서 기술 · 정보 문화연구의 특정 이론적 지형에 대한 학술적 논점을 탐구하고 있다면, 2부 크리틱은 현장에서 몸으로 부딪히며 기술 · 정보 비평 감각을 키운 문화연구자의 실천의 글이다. 이영준은 타고난 본능감으로 기계와 대화를 수행해왔던 것처럼 '기계비평'의 위상을, 임태훈은 문학평론가이면서 미디어 연구자로서 권력과 자본의 오늘날 시간 체제에 대한 독창적 대안적 시각을 그리고 청개구리제작소(최빛나와 송수연 듀오)는 거의 드물게 현장 기술 창작활동을 통한 경험적 사례를 보여주고 있다. 이들의 인문학적이고 예술 비평적 에세이는 느낌상 이론적 분석이라기보다는 크리틱에 가깝다. 2부는 이렇듯 1부에 비해 무게감이 조금 덜하지만 여전히 기술 · 정보 문화연구의 접근에 대한 다층적이고 심층적 방법론적 단서들을 창의적 방식으로 표현하는 일군의 작업들이다.

4장에서 이영준은 자신의 독자적 경험 속에서 수행하는 '기계비평'에 대한 위상을 정리한다. 총론에서 언급한 '불순하고 탁한' 과학기술에 대한 논의에서처럼, 그는 기계를 접근하는 데 역사, 공학, 사용경험(사회 · 문화)의 차원을 강조한다. 그의 기계비평은 무엇보다 이영준 스스로 몸과 마주하는 기계의 차원을 중요하게 고려하면서 기존에 기계를 둘러싼 요인들만을 강조하는 맥락주의와도 다른, 기계-주체-맥락의 관계론에 착목한다. 특히 두 번의 과학 퍼포먼스란 행위를 통해 얻었던 과학(기술), 예술, 비평의 불완전한 동거 실험 결과를 관객과 독자들에게 보여줄 것이다.

5장에서 임태훈은 '대안 시간 체계'라는 개념을 통해 현대 정보자본주의 기술권력의 체제인 '시간' 질서와 다른 길을 모색한다. 국가의 시간, 권력의 시간, 체제의 시간, 근대성의 시간, 비트와 세슘의 오늘날 정보자본주의 체제의 시간 등을 걷어내고 다중이 공통화할 수 있는 '대안 시간 체계'에 대해 고민한다. 그가 예로 들었던, 칸트가 쾨니히스베르크 보리수길에 남긴 '칸트시계', 라캉도나 정글 사파티스타 농민해방군의 자율적 '시간', 수단 누에르족과 인도 라자스탄 부족들이 소떼 생활 사이클에 맞춘 '소시계' 등은 오늘날 대안시계 체제에서 진정 '슬로우'(느림)의 가치들이다. 물론 임태훈은 정보자본주의 시대에 감상적 느림의 가치로 회귀하는 낭만주의자가 아니다. 표준 시간의 정보자본주의 질서에 균열과 틈을 낼 대안 시계들의 구체적 마련을 위한 인문학적 실천의 전망까지 제시한다.

마지막 6장에서 청개구리제작소 최빛나·송수연 듀오는 기술 제작의 정치적 행동주의를 성급하게 표방하지 않는다. 이들은 현재 제작문화의 핵심 기술들, 예컨대, 3D 프린터와 오픈소스형 '마이크로 컨트롤러'의 일종인 아두이노 보드 등을 통해 성장하는 새로운 기술문화의 가능성과 그림자를 동시에 주목한다. 그러나 마치 자본 금융의 파생상품마냥 오픈소스의 자유정신으로부터 시장의 단내를 맡고 움직이는 기업들과 정부의 지원 정책에 조심하라고 경고한다. "공유적이고 자율적 제작의 생태계가 커질수록 제작 운동의 가능성은 커질 것이나 그 가능성만큼 어두운 그림자 또한 깊어질" 것이기 때문이다. 이 상황에서 어찌해야 하는가? 그들은 발 딛고 있는 사회 실제로부터 출발해서 부상하는 메이커 문화가 지닌 긍정성의 가치를 서로 만나도록 추동하는 데 청개구리제작소의 실천적 활력을 발견하고 있다. 메이커문화 현장의 생생한 목소리라는 점에서 그들이 주장하는 실천적 지향과 맥락을 곱씹어 볼 필요가 있다.

맺는 글에서 원용진은 문화연구 내 진영에서 왜 '기술 · 정보'(미디어) 분야가 상대적으로 '저발전'했거나 약한 고리로 작동했는지 몇 가지 근거들을 지적하면서, 우리에게 '기술 · 정보' 분야 연구의 재활을 독려하는 메시지를 남긴다.

이 책은 애초 2013년 〈기술/정보 문화연구와 분석의 지층들〉이란 콜로키움의 내용을 확대하여 단행본으로 묶었다. 이벤트로 끝날 수도 있었지만, 단행본으로 묶어 나오기까지 보이지 않은 애정과 힘을 쏟아주신 분들이 많다. 먼저 콜로키움과 단행본 집필에 응해준 필자들에게 심심한 감사를 드린다. 부족한 나를 믿고 기다려준 것에 고마울 따름이다. 불금의 늦은 오후에 콜로키움으로 함께 분투하며 게다가 흔쾌히 행사 관련 재정 지원까지 해주신 원용진 선생님께 감사의 마음을 전한다. 콜로키움과 단행본 작업으로 필자들과 꾸준히 매개자 역할을 한 문화사회연구소의 최혁규 군 그리고 서울과학기술대학교 IT정책전문대학원의 이시영 양에게도 이 자리를 빌어 고맙고 감사한 마음을 전하고 싶다. 더불어 한국문화연구학회 내 아직은 존재감이 없지만 과학기술문화연구분과를 만들어 연구자들의 놀 자리를 깔아주신 학회장 심광현 선생님께도 감사하고 송구하다. 또 애초 예상은 했지만 청개구리제작소 최빛나 씨의 빛나는 콜로키움 포스터 제작 솜씨와 우리 책을 위한 표지 제작에 감동했음을 전한다. 마지막으로 필자들의 작업들을 흔쾌히 출간하도록 이끌어준 소재두 논형 대표와 소재천 편집장님께 감사드린다.

우리의 결과물이 일회성 단행본으로 그치는 것이 아니라 향후 새롭게 부상하는 기술·정보 문화연구라 지칭할 수 있는 연구영역과 연구자들의 발굴 그리고 이들의 논의가 꾸준히 생산되길 고대한다. 여러모로 부족하지만 비슷한 경향의 연구자들의 첫 연구모음집이란 소명의식과 새로운 연구영역에 대한 선언적 의미를 담았다. 이 책을 기점으로, 향후 기술·정보 문화연구자들의 보다 정제된 이론적 실천적 논의들이 보다 활발해지기를 기대한다.

2014년 6월
필자들을 대신하여
이광석

차례

총론
기술 · 정보 문화연구의 지평들

이광석

오늘날 우리는 기술과 정보문화에 의해 구성되는 새로운 급격한 변화의 중심에 있다. 컨버전스 문화와 소셜웹 환경은 이용자들에게 새로운 다중매체 경험을 선사하고 타인과 공감의 전자망을 구성한다. 다른 한편으로, 오늘날 자본주의는 바로 이들로부터 쏟아져 나오는 '빅데이터', '인지', '잉여'라는 이용자들의 에너지를 새로운 동력으로 삼아 잉여가치 생산의 또 다른 전기를 맞는다. 쾌속과 첨단의 자본 현실 그리고 이의 추종과 달리, 의식있는 일부는 질주하는 현실을 따라잡으려하기 보다 인간 스스로 통제 가능한 대안적 기술의 가치를 공유하는 일에 매달려 왔다.

사회과학과 인문학의 역할 경계에 선 미디어 연구는, 변화에 대한 반발보다는 기술 · 정보 환경의 속도와 변화를 좇아 다른 어떤 분과 학문들 보다 이에 민감하게 순응해왔다. 변화에 조응해 수많은 기술, 정책, 법, 시장, 이용자에 관한 보고서와 학술 논문들이 양산됐다. 새로운 기술과 거기에서 만들어지는 변화를 먼저 취하려 한다는 점에서 기술과 정책 연구가 항상 순응의 선두에 서 있다. 그 언저리에는 그동안 대중매체에 의해 홀대받던 개별 수용적 주체들을 첨단기술의 개별적 이용을 통해 복권하려는 수용자 연구의 확장을 관찰할 수 있다. 이 외에도 기술과 정보문화란 현실의 변화에 직·간접적으로 영향을 받을 수밖에 없었던 다양한 학문 영역들, 미디어(기술)사, 미디어/인터넷 사회문화사, 저작권과 망중립성 연구, 정보의 정치경제학, 뉴미디어와 정보사회론, 사이버문화연구, 컨버전스/뉴미디어 문화연구, 감시연구, 대안미디어 연구, 창조산업 분석 등이 발전해왔다. 기술과 정보문화와 관련해 이들 연구 영역들간의 학문적 조우나 서로 접점이 부재했던 영역들간의 실험적 대화들이 간간히 이뤄져왔으나, 이들 경험에서 기술로 구성되는 현실의 비판적 통찰은 여전히 부족하고 기술문화적 대안의 구체성과 실천의 메시지는 미약하다.

이 총론 장은 이렇듯 크게 생성 중이나 계보화되지는 않은 미디어 연구의 새로운 신진 분야에 대한 일종의 매핑 작업의 목적을 지닌다. 굳이 이름을 붙이자면 이 글은 '기술·정보 문화연구'라 지칭할 수 있는 연구영역에 대한 탐구이며, 앞으로 각각의 장들에서 구체적으로 논지를 펼칠 필자들의 논의들을 아우르려는 포괄적 글쓰기의 시도이기도 하다. 나는 이 장에서, 전통적 대중매체(라디오, 영화, 방송), '로우테크'[1] 기술과 미디어(유선전화, 팩스, 복사기, 각종 생활형 기계 및 목공 등 일상 기술들) 영역을 포함해 인간의 지적 (정보)활동

---

1) 대체로 '로우테크'는 '하이테크'와의 짝패를 통해 의미를 갖는다. 한때 전보, 팩스나 복사기는 '첨단의'(하이테크) 기기였으나 이를 대체하거나 앞선 새로운 형태의 기술적 대상에 의해 '로우테크'의 자리로 밀려난다. 현대 기술 개발의 가속화가 크게 이뤄지면서, '하이'와 '로우'의 경계는 급속히 붕괴한다. 이런 진화론적 흐름과 독립적으로, 기술 개발 변수에 영향을 덜 받거나 태생 자체가 '로우테크'에 기반한 경우도 있다. 예를 들면, 기계에 노동 가치 이전을 쉽게 하기 어려운 목공, 재봉 등 생활자립형 기술이 그러하다.

이 결합하는 새로운 형태의 디지털 정보통신기술(스마트폰, 인터넷, 소셜웹, 디지털 사이니지, 미디어 파사드 등)을 포괄적으로 다루는 비판적 문화연구를 '기술·정보 문화연구'라는 범주로 지칭하려 한다. 즉 단순 (노)동력의 기술에서부터 고난이도의 스마트형 기술에까지 이르는 '기술적 대상'(technical artifacts)으로서 하드웨어적 관찰은 물론이고, 그 기술의 도관이나 하드웨어를 흐르고 점유하는 소프트웨어나 정보/지식을 통칭해 '기술·정보' 연구영역으로 삼고자 한다. 여기에서 기술·정보 영역은 흔히들 언급되는 '정보(통신)기술'의 하드웨어적이고 소프트웨어적 정의 방식보다 훨씬 너른 상위 범주인 셈이다.

학문 영역 구분으로 보자면 앞서 언급했던 여러 미디어 관련 분과 학문들이 이 기술·정보 문화를 다루는 연구 영역들에 일부 걸쳐있다고 볼 수 있다. 하지만 이 글에서 제안하는 '기술·정보 문화연구'란 사회화된 기술·정보 영역과 개별 주체가 상호 구성하는 문화 현상들을 비판적으로 분석하고 대안의 기획을 세워나가는, 미완의 그리고 '구성 중의' 학제 영역으로 파악한다. 이렇듯 이론적 태도에서 구성적 입장을 취하는 까닭은 아직 이것이 구체적 합의를 얻을 정도는 아닌 신생의 분석적 현상태들이라는데 있다. 또 하나 덧붙이자면 이 글은 '기술·정보 문화연구'를 미완의 범주로 삼음으로써 혹 간과하거나 퇴락하여 망각된 태도나 이론적 지점들(예를 들면 로우테크나 생활자립형 기술에 대한 분석)을 파악하고 복원하는 데도 그 의의를 두려 한다.

대체로 오늘날 기술 진화론 중심의 엘리트주의적 서술 방식은 중요한 많은 기술·정보 영역들을 '구'미디어적이고 '비' 미디어적이라는 명목하에 유령화하고 퇴색시켰다. 새롭게 상업화된 매체 기술의 하드웨어적 시장 가치에 열광하는 이와 같은 시각은 오래된 기술을 대체하는 새로움의 기술들을 상찬하거나 '로우테크'를 극복해야 할 구습으로 보는 경향이 크다. 후대에 나온 기술이 전대의 기술을 대체한다는 가정은 특정 기술이 다른 기술과 융합 혹은 결합해 발전하거나 단독으로 재진화하거나 혹은 퇴화하기도 하는 기술의 유연적이고 상호주의적 전개 과정을 온전히 설명하지 못한다. 오늘날 기술(중심)주의의 지배적 시각은 정도의 차이는 있지만 우리가 흔히 '비판적' 미디어 연구 진영내 동료의식을 갖는 일부 학자들에게도 발견된다. 이들은 무의식적으로 기술주의를 칭송하거나 이용자들의 근거없는 자율성의 힘에 기대어 새로운 기술 조건을 방어하는 경향을 보인다. 특정 기술 생성의 구조적 맥락과 아래로부터 올라오는 질적인 기술·정보 문화의 자율적 형성 과정이 부딪히면서 만들어내는 쌍방의 변증법적 구성의 관계를 살피는 이론적, 실천적 접근이 아쉽다.

이 글은 기술·정보 문화연구의 실체 구성을 위해 몇 가지 전제되어야 할 지점들을 짚고자 한다. 즉 이론적으로 차용하거나 견지해야 할 것, 분석의 태도에서 회복할 것, 분석의 방법에서 확장할 것, 크게 이 세 지점을 현재 구성 중인 기술·정보 문화연구 영역을 위해 이 글에서 세부적으로 봐야 할 쟁점들로 삼고자 한다.

먼저 이 글은 기술·정보 문화연구의 이론적으로 의미있는 자원을 오랜 학제간 전통을 지닌 '과학기술학'(Science and Technology Studies; STS)에서 찾고자 한다. 기술 · 정보를 형성하는 정치, 경제, 사회, 문화 등 구조적 맥락을 계층화하는 과학기술학 논의 가운데서도 무엇보다 기술의 비판적 구성주의 전통을 주목한다. 국내 언론학 지형에서 정보기술의 과잉 재현에도 불구하고 과학기술학이 우리에게 별 영향을 끼치지 못했던 상황은 꽤 의아스러운 일이다. 과학기술학 내부에서도 특히 비판적 기술 · 정보 접근의 확인과 이를 미디어 연구영역에서 전유하는 과정을 통해, 이 글은 현대 기술과잉과 자본 현실에 쉽게 투항하는 연구 분과들과 이들의 주류 학문화를 일부 제어할 수 있다고 본다. 필자의 요지는 기술 · 정보의 사회적 형성론 (내지 구성주의)의 기본 시각을 가져와서 기술 · 정보를 둘러싼 현실의 '중층적' 맥락화 분석을 기술 · 정보 문화연구의 주요 분석 태도로 삼을 것을 강조한다.

둘째로는, 기술 · 정보 분석의 태도에서 줄곧 망각된 것, 그래서 회복이 필요하거나 확장해야할 것을 주목하려 한다. 이는 일부 컨버전스 연구나 뉴미디어 연구에서 등장하는 미시적이고 개별화된 소비나 권능에 대한 열광이나 맥락없는 디지털기술 논의의 과잉을 경계하려는 의도를 갖고 있다. 이 글은 기술 과잉과 '구조 없는' 자율 주체들에 대한 무조건적 상찬의 문화적 논리들을 멀리 한다. 대신에 그 명명조차 빛바랜 것처럼 취급되는 '비판적' 혹은 '진보적' 문화연구의 전통적 방법을 적극 사유할 것을 주장한다. 주체의 창발성에 대한 강조는 결국 사회문화 구조와의 변증법적 사유 없이는 또 다른 기술주의의 변종이 될 수밖에 없음을 확인한다. 이는 오늘날 기술 · 정보로 떠받혀지는 새로운 물질적 조건과 이에 따른 패러다임 변동을 각자 스스로 부유하지 않고 차분히 충분하게 사유하는 것이 필요함을 뜻한다.

마지막으로 이 글은 기술·정보 문화연구의 방법에서 확장될 부분을 크게 두 갈래로 나눠 살펴본다. 하나는 연구 대상의 다양화이고 다른 하나는 현실 대안적이고 실천적 연구의 발굴이다. 전자와 관련해서는 미디어연구 대상이 상대적으로 주류 대중 매체에 쏠려 있거나 '하이테크'를 지향화하는 경향에 대한 반발에서 비롯한다. '로우테크'나 생활형 기술을 포함해 일상공간 속에 널리 퍼져있는 의미망의 매개체들과 기술적 대상들이 현대 인간과 관계 맺는 다양한 방식과 효과에 대해 학문적 관심을 환기하려 한다. 후자와 관련해서는 분석과 비평의 지형을 확대해보고자 한다. 이 글은 기술·정보 문화의 새로운 해석과 독법들의 소개와 함께 정해진 기술의 경로를 탈주해 자율 주체들에 의해 구성되는 현장 중심의 실천적 개입에 대한 관심을 덧붙이고자 하는 의도를 지녔다. 해석적 주체의 자율성만을 이용자문화 분석의 정석으로 내세우는 논의들은 사실상 기술환경이 주는 맥락과 구조의 한계 내에서만 움직이는 주체들을 상정한다는 맹점을 지닌다. 기존의 구조화된 지배적 설계를 '리프로그래밍'해 다른 대안적 기술·정보 문화의 기획을 내오는 보다 적극적이고 실제적인 현장 개입의 기술·정보 행동주의적 전망을 살필 것이다.

1. 기술 · 정보 문화연구의 새로운 자양분: 기술의 중층적 맥락화

융(복)합과 통섭의 학문적 접붙이기가 일대 유행인 시대이다. 교류와 소통은 나름 긍정적 효과를 얻는 경우가 많다. 하지만 명분만큼 학제간 통합의 시너지를 얻는 대신 대체로 기계적 접합과 동거로 마무리되는 경우가 많다. 학계에서 각 분과학문들이 시도하는 타학문과의 교류와 통섭은 이를 통해 서로의 인식 지평 확대가 동반되지 않으면 사실상 무늬만의 동거를 보여주기 일쑤다.

기술 · 정보 문화연구는 이 점에서 상대적으로 통섭이나 학제간 연구가 제대로 이뤄질 수 있는 연구 분야이다. 예를 들어, 서구에서 진행된 네트워크사회 연구(Castells, 1996), 컨버전스 연구(Jenkins, 2006), 뉴미디어나 소프트웨어 연구(Manovich, 2001; 2008), 사이버문화 연구(Featherstone & Burrow, 1995) 등은 이미 기술 · 정보 문화연구의 중요한 분파들이었다. 이들 모두는 총론에서 살펴볼 과학기술학으로부터 이론과 분석의 자양분을 흡수하면서 상생 발전하는 형세를 보여준다. 미디어 연구자들에 의한 과학기술학의 직접적 수용(예를 들어, Ess & Dutton, 2013; Loader & Dutton, 2012; Lievrouw & Livingstone, 2002; Winston, 1998; Fischer, 1992; Marvin, 1988) 또한 쉽게 감지된다. 게다가 정보문화 영역들을 주로 다루는 학자군들이 모이는 국제적 학술모임들(예를 들어, 인터넷연구자학회[AoIR] 등)의 활동과 확대로 인해 나름 미디어연구와 과학기술학 사이에 학문적 교통이 잘 이뤄져왔던 셈이다.

국내 미디어 학계에서 타분야에 비해 정보통신기술 논의와 뉴미디어 영역의 빠른 안착과 수용은 잘 알려진 사실이다. 학계내 기술 영역에 대한 실용주의적 안착에 비해 아직은 과학기술학 분야와의 교류는 드물다. 형식적으로는 사이버커뮤니케이션학회가 대표적이고, 다른 일반 학회들 내부에 뉴미디어와 인터넷 연구 분과 형태로 일찌감치 학적 논의 생산을 주도하고 있고 이들에서 뉴미디어와 정보문화를 다루는 범위와 주제 또한 여러 갈래를 치며 다양하게 전개돼 왔다. 그럼에도 불구하고 대표적인 학제간 연구로 국내에 꽤 오래전부터 뿌리내린 과학기술학의 논의들을 미디어연구 진영에서 제대로 가져오는 경우는 드물었다. 과학기술학이 기술·정보가 지닌 사회문화적 맥락의 무수한 끈과 관계망들을 살피는 데 있어 탁월하다는 장점에도 불구하고 전통적 미디어 연구자들에게 그 영향력은 미미했다. 기술·정보 문화를 둘러싼 혹은 그에 틈입한 '사회적인 관계망'을 보는 방식에 대한 교정 혹은 참고로써 대단히 중요한 후보 이론들 중 하나임에도 그러했다. 미디어 학계 내부의 비판적 과학기술학에 대한 학문적 외면 혹은 단절적 계기를 걷어내려는 계기의 일환으로 이 글에서는 기술·정보 문화연구와 접근에 중요한 태도로서 과학기술학과 기술 구성주의적 관점을 소개할 것이다. 특히 그 핵심에 놓인 '불순한' 그리고 '탁한' 과학기술 본질론을 화두로 그 끊어진 단절 상황을 극복할 학문간 상호 교호의 가능성을 탐색해보려 한다.

1) '불순한' 과학기술의 탄생

기술비판론자건 기술옹호론자건 대체로 우리는 과학기술의 중립론과 객관주의에 대체로 오염되어 있다.[2] 기술의 객관주의는 쓰임새를 기다리는 중립의 대상물로 기술을 간주하는 도구주의적 관점과 맞닿아 있다. 이와 같은 기술은 사회 윤리적으로도 무결점의 '순결'한 것으로 간주되면서 이를 쓰는 주인을 잘 만나면 긍정적인 사회 변화를 추동하는 결정 변수로서 추앙된다. 반대로 기술의 주인을 잘못 만나면 2차 대전의 살인과학, 나치 고문과 화학무기, 원폭 실험 그리고 최근 후쿠시마 원전사고 등에서처럼 '나쁜' 과학기술이 된다. 반전운동과 급진 과학운동의 성장 그리고 과학기술의 윤리성 회복을 주장하던 시절에도 기술과 과학 자체는 무결점의 중립적인 것으로 간주됐다. 잘 알려진 바처럼 아인슈타인 등 '퍼그워시' 운동이나 이후 반핵운동에 의한 기술의 오·남용에 대한 저항은 과학기술 중립론이나 도구적 시각에 크게 기대어 있고 오늘날에도 그 영향력이 건재하다.

과학기술을 자본주의 생산력 혁명의 측면에서 보는 또 다른 입장 또한 잘 알려진대로 학계와 일상에서 기술 중립론과 객관주의를 강화하는 근거가 됐다(Heilbroner, 1994; Smith, 1994 참고). 생산력으로서 기술에 대한 전통적 마르크스적 해석이나 벨, 토플러, 드러커 등 세계의 패러다임 이행을 예언했던 미래학자들의 장밋빛 주술은 사실상 과학기술의 능력을 사회 변화의 계기와 동력으로 간주해왔다. 반면 이들은 개별자들의 집단적 개입에 의해 기술의 발전 경로를

2) '앎의 추구(seek-to-know)와 '수행의 추구'(seek-to-do)라는 이분법적 구도 (Layton, 1971, p.576)라는 전통적 구분은 오늘날 점차 소멸돼간다. '테크노과학' (techno-science, Hong, 1999, p. 289)이란 명명은 사실상 과학과 기술의 전통적 구분이 무의해져가고 의미가 없어져가는 지형을 상징하고 있다. 게다가 '비과학'과 과학 바깥이라고 언급되는 영역에 대한 기술에 대한 연구 범위는, 과학의 대상과 과학연구만큼이나 기술의 영역에 대한 무게감을 실어준다. 그래서 이 글은 과학과 기술을 혼용 가능한 개념으로 섞어 쓰거나 함께 쓸 것이다. 이 글에서는 기술을 과학 지식의 적용이나 이의 부가물 정도로 취급하는 마초적 과학관과는 결별한다.

변경하는 실천적 가능성을 막아버림으로써 기술 비판과 저항의 가능성을 대단히 제한했다.

기술 객관주의의 오류는 이렇듯 학문의 정치적 스펙트럼에 상관없이 골고루 퍼져 있다. 기술낙관론과 객관주의의 생산자들이 간과하고 있는 사실은 기술이란 인간의 외재적, 도덕 윤리적, 사회적 선택의 '하명'을 받기 위해 기다리는 중립적인 대상이 아니라 이미 기술 자체 그 안에 사회의 가치를 압축해 담지하는 실체(artifact)란 당연한 사실이다. 그 덕에 일련의 비결정적 환경 조건에 의해 기술은 끊임없이 자신의 가치를 재정의해야 하는 위치에 있다. 기술의 실체론적 그리고 환경에 의해 재정의되는 기술의 상대주의적 시각은 이제까지 우리가 알고 있던 기술 중립의 그 자체 순결성을 무너뜨리고 '탁하면서'도 '불순한' 기술의 본질을 드러내는 계기가 된다. 과학기술학은 사실상 이 엄연한 사실로부터 시작했다. 기술에 내재하는 중층적 맥락의 치밀한 연구는 바로 기술 코드 내부에 웅크린 불순함의 동기를 찾아내는 작업인 것이다.

'탁하고 불순한' 과학 혹은 기술의 맥락을 드러내는 데는 몇 가지 역사적 전범이 존재한다. 과학기술 논의의 이론적 전회는 특히 과학 내부의 연구 성과에 힘입은 바 크다. 잘 알려진 것처럼 토머스 쿤(Kuhn, 1996)은 『과학혁명의 구조』에서 '패러다임' 개념을 가져와 과학이론 내부에서 뿐만 아니라 학계 전반에 순결한 과학기술의 진화론에 치명타를 가한다. 거칠게 정리하면 쿤은 적어도 과학은 오래된 패러다임이 신패러다임에 의해 전체나 일부가 대체되는 패러다임간 비선형적, 비축적적 발전 경로를 밟는다고 주장한다(Chalmers, 1992, p.155). 쿤의 패러다임간 '공약 불가능성' (incommensurability) 혹은 소통의 부재는 이제까지 우리가 흔히 믿었던 과학기술의 시계열적이고 진화론적인 발전의 과정이 쉽게 작동하지 않는다는 선언에 다름 아니었다(Kuhn, pp. 92, 103). 즉 과학적 지식이란 과학적 사실의 입증에 의해 인류의 자산이 되는 것이 아니라 주어진 순간에 다양한 행위자들과 조정 기구들이 특정의 장에서 작동하면서 맺는 사회적 '연합'과 '협상'에 의해 직접적으로 영향을 받는다고 봤다 (또한 Bourdieu, 1991, p.6 참고). 쿤은 과학기술이 이렇듯 중립의 진화적인 대상이 아닌 사회적·공동체적으로 구성되는 인정투쟁의 다양한 협상 과정에 놓여 있다는 점을 우리에게 정확히 확인시켜줬다.

과학기술의 '탁한' 면모는 학계의 다른 과학 이론들을 통해서도 자주 검증됐다. 예를 들면, 콰인(Quine, 1953)의 '비결정/불충분결정 이론'(un-/indetermination theory)은 과학이론이 확실성이나 증거 부족 때문에 '불충분하게 결정'되고, 그래서 여러 대안 이론들이 항상 존재하고 외부의 자원을 수용해야 하는 상대주의적인 조건에 처해 있다고 설명한다. 또 한편으로 핸슨(Hanson, 1965)은 '관찰의 이론의존성'이란 개념을 제시한다. 그는 이론이란 것이 결국 한 과학자가 지닌 선입관이라 취급한다. 즉 이론에 대한 과학자의 주관적 선입견이 작동하면서 직접적으로 기술의 상대주의를 야기한다고 봤다. 블루어(Bloor, 1999)의 '스트롱 프로그램'은 어떠한가. 과학기술 외적인 사회요인들 혹은 이해관계가 과학의 내용과 결합함으로써 과학이론을 결정짓는다는 관점을 기본으로 삼고 있다. 과학사 저작들의 발전에 있어서 바깥 환경의 논의를 과학사 역사 서술로 끌어들이는 논의 방식 또한 '탁한' 과학기술의 가치를 재중명한다. 즉 '내적 과학사' (internal history of science) 중심에서 과학에 끼친 사회·경제·정치적 요인이 중요해져가는 '외적 과학사'(external history)의 논리로 전화해왔던 것이 그 맥락이다(홍성욱, 2002, pp.23~27).

초창기 과학기술학 영역에서 이처럼 사회적 맥락들의 틈입을 강조하는 다양한 상대주의적 시각들이 부상하면서 자연스레 기술 비판의 논지들을 구성하는 데 이론적 자양분이 된다. 바로 이와 같은 '탁한' 과학기술의 다양한 정의와 접근들로부터 상대주의의 주요 근간이 됐던 기술디자인을 둘러싼 기술-사회의 구성주의적 맥락화 연구가 급진전한다.

2) 중층적 맥락화의 기술·정보 연구

노블(Noble, 1979), 멕켄지(MacKenzie, 1984), 브레이버만 (Braverman, 1974) 등 자본주의 체제내 기술의 구조적 연계를 봤던 연구자군은 보통 '기술의 사회적 형성론'(Social Formation of Technology)으로 묶인다. 이들은 과학 법칙의 영역보다는 기술과 정보의 문제에 그리고 기술생산과 활용의 미시적 맥락보다는 체제 (재)생산의 구조적 맥락에 천착했다. 대체로 이들은 자본주의적 사회경제 층위에서 발생하는 좀 더 거시적이고 생산주의적 맥락에서 기술의 구성적 측면을 탐구했던 것이다. 예를 들어서 기술 생산의 군산복합체 논리, 생산과정내 상대적 잉여가치 착취에 동원되는 특정 기술과 기계의 선택과 도입, 단순/구상 노동간 분리 과정과 탈숙련화 테제, 자본주의적 유기적 구성에 미치는 기술혁신과 이윤율 하락 등이 이들의 전통적 테마이다. 이들은 마르크스주의적 전통에 서서 자본주의적 생산관계에서 발생하는 수탈구조를 강화하려는 기술 도입과 혁신의 다양한 층위들을 짚어낸다.

미디어 학계에서는 커리(Carey, 1992, pp.210~230)의 전신기술의 사회적 형성과 영향에 대한 연구가 대표적이다. 그는 전신의 확장과 함께 자본주의 독점 논리와 관료주의의 이데올로기가 어떻게 함께 각인되는가에 대한 비판적 분석을 수행했다. 더 거슬러 올라가보면 코완(Cowan, 1983)은 주부 여성들의 가사노동과 주방 기기들 그리고 이 둘의 밀월 관계를 맺어주는 자본주의적 산업화의 맥락들을 살피는 작업을 수행했다. 즉 코완은 주로 남성노동자들에 기반한 공장노동의 기계적 착취를 넘어서서 여성들의 가사노동에 연결된 주방 기계의 관계가 당대 자본주의 현실에서 의미하는 것이 무엇인지를 살핀다. 조금은 다른 각도에서 로살린 윌리엄스(Williams, 1994)는 기술철학자 멈포드의 권위적/민주적 기술의 이분법을 차용하여 남성주의적 지배적인 기술 설계에다 기술 발전의 다가치성과 조화로운 여성의 민주적 전망을 삽입할 것을 주장하기도 했다.

마르크스주의적 전통 속에서 성장했던 앞서 기술의 사회적 형성론은 인식론적으로 보면 하이데거(Heidegger [1954]1977), 멈포드(Mumford, 1967), 엘륄(Ellul, 1964) 등 초창기 기술철학자들의 기술 비관론적이고 기술 본질주의적 시각과 상당 부분 유대감을 갖고 있다. 예를 들면, 하이데거는 인간과 모든 것을 부품화하는 '닦달'

(Ge-stell 혹은 enframing)의 개념을 가져오고, 엘륄은 '자율적 기술' 혹은 '기술적 자율성'(autonomous technique)이란 개념으로 인간의 통제능력을 벗어나 거대한 기술 체계에 압도된 개별자의 무기력증을 표현하곤 했다. 즉 이들 본질주의적 기술철학자들은 기술 자체가 권력 체제화한다는 이유로 대단히 현실 비관적이고 대체로 기술의 일괴암적 힘의 우위에 압도되었다. 앞서 언급했던 기술의 사회적 형성론자들이 이들 본질주의자들 보다는 좀 더 기술 해석에 있어서 유연하긴 해 보이나, 여전히 이들 모두 기술에 틈입한 거시적 맥락의 규정력을 지배적인 것으로 상정함으로써 개별자를 순응적이거나 무기력한 존재로 보는 구조주의적 경향에서 크게 벗어나지 못하고 있다.

1980년대 초 핀치와 바이커(Pinch & Bijker, 1984; [1987]2001; Pinch, 1996) 등에 의해 발전된 '기술의 사회적 구성주의'(Social Construction of Technology; SCOT)적 관점은 이제까지 본질주의적 혹은 기술형성론적 입장에서 보여준 기술 이용 개별 행위자에 대한 무기력에서 상당 부분 벗어나 있다. 사회적 구성주의의 관점은 흔히 받아들이는 신기술의 채택이란 것이 그것이 더 낫거나 잘 작동해서 이뤄진다는 순진한 설명을 반박하는 것으로 시작한다. 구성주의 그룹에게 기술이란 다양한 행위자와 관련자들이 맺는 관계망의 소산이다. 예를 들면 하나의 기술에도 기업가, 기술자, 소비자, 정책결정자, 디자이너 등이 맺는 사회적 협상이 작동하며 이를 통해 특정의 발전 궤적이 구성된다는 입장이다. 그래서 구성주의적 입장에서는 특정 기술의 디자인을 둘러싸고 다양한 '연관 사회집단'(relevant social group) 행위자들이 벌이는 협상과 역할이 중요해진다(Star &

Bowker, 2002, p.152). 기술의 디자인은 이들 연관 사회집단 간에 맺고 벌이는 협상 등 맥락의 유동적 과정에 따라 다른 산출 결과를 가져오는 열린 '해석적 유연성'(interpretive flexibility)을 가져오기 때문이다(Klein & Kleinman, 2002).

예를 들어 바이커(Bijker, 1987)의 자전거 바퀴기술과 디자인에 대한 기술의 사회문화사적 분석은 시대별 사회문화 상황과 당시 행위자들의 다양한 사회적 협상 과정을 살핀다. 바이커는 그 시대 현실에서 왜 자전거 바퀴의 모양이 일정하지 않은 채로 계속해 바뀌어 오늘날의 모습이 됐는지에 관해 사회문화적 고찰을 치밀하게 수행한다. 사회, 문화, 인종, 계급, 성차 등이 어떻게 기술 디자인에 스며들어 각인되는 지에 대한 맥락들을 드러내기 위한 학술적 논의도 주목할 만하다. 일례로 웨이크만(Wajcman, 2004; 1991)의 '테크노페미니즘(technofeminism)' 개념은 사회 계급의 문제를 기술 해석의 중심에 놓으면서도 동시에 자본주의 기술에 대한 권력의 각인화 과정에 있어서 보다 다양한 층위들 특히 여성(젠더)-기술-계급의 연결망들을 살피려 했다. 그는 급진적 여성주의 시각을 통해 생산 기술 (노동 과정내 젠더 생산), 재생산 기술 (생명 재생산의 가부장적 동학), 가내 기술 (가정내 가전기기들의 젠더 재구성), 젠더화된 공간 등을 살피면서 계급과 젠더를 중심으로 한 기술 안팎에 겹겹이 가로놓인 사회문화적 요인들을 살핀다.

이제까지 논의됐던 사회적 구성주의의 입장에서 보면 기술은 마치 유대인들의 신화에 등장하는 괴물 '골렘'(golem)의 모습과 엇비슷하다. 그들에게 '골렘'은 연관 사회집단들이 벌이는 협상과정에서 탄생한 인간 과학기술의 산물로 비유될 수 있다.

> [골렘은] 인간이 진흙과 물로 빚어 유대교 랍비의 주문으로 생기를
> 불어넣은 인조인간(humanoid)이다. 골렘은 강력하다. 그것은 매일
> 매일 점점 더 강해져 간다. 그것은 명령을 따르고 일을 하고 적의 위
> 협으로부터 당신을 보호한다. 그러나 그것은 서투르고 위험하다. 골
> 렘은 통제 없이 날뛰다 그의 주인을 죽이기도 한다. 즉 골렘은 자신
> 의 힘에 대해서 그리고 서투르고 무지한 정도에 대해서 별로 감이 없
> 는 육중한 애어른과 같다. 골렘은 우리가 바라는 것을 막는 사악한
> 창조물이 아니라 작고 바보스런 그런 존재다. 골렘의 과학은 그 자
> 신의 실수로 인해 비난받아서는 안된다. 왜냐하면 골렘의 과학은 우
> 리의 실수다. 그것이 최선을 다하고 있다면 골렘은 비난받을 수 없
> 다. 그러나 우리는 그로부터 너무 많은 것을 기대해서는 안된다. 골
> 렘은 무지 강력하지만 그는 우리의 기술과 기예로 만든 창조물이다.
> (Collins & Pinch, 1998, p.1)

순진하지만 다루기 힘든 이 덩치 큰 '애어른' 같은 골렘의 비유는
기술에 대한 구성주의적 태도를 엿볼 수 있는 대목이다. 골렘은 진흙
과 물로 빚어 유대교 랍비의 주문으로 생명을 얻은 '인조인간'으로 등
장한다. 진흙, 물, 주문이라는 골렘을 탄생시킨 요소들은 사실상 과
학기술 디자인에 '각인된'(embedded) 현실의 맥락과 내용들의 과정
적 특성들을 가리키고 있다. 골렘은 랍비의 특정한 주문을 부여받음
으로써 이미 기술의 객관주의와 결별한 '탁한' 창조물인 셈이다. 물론
아직은 서투르고 바보스럽고 실수까지 종종 하지만 갈수록 강력해져
가는 긍정적 가능성을 지닌 기술 창조물이다. 이 말은 골렘을 계속해

유지하고 구성하는데 이에 참여하는 그룹들의 협상 과정과 현실의 요인들에 따라 위험해질지 아니면 순한 창조물이 될지 그 성격이 달라진다는 것을 가정한다. 사회적 구성주의자들이 얘기하는 기술 코드의 '해석적 유연성'은 이로부터 생성된다.

사회적 구성주의는 근자에 이르러 기술 상대주의적 관점을 극한으로 밀고 올라가는 듯하다. 이에는 라투르의 '행위자연결망이론' (ANT) 덕이 크다(예를 들면 Latour & Woolgar, 1979; Latour, 1987; 1993). 라투르는 현실 논리가 각인된 중층적 맥락에 대한 강조는 물론이거니와 기술 그 자체가 사회와 문화 형성에 미치는 역방향의 역할론을 보다 적극적으로 해석한다. 라투르는 구조에 짓눌린 기술의 위치를 자유롭게 만들기 위해 행위자(actors) 대신 '행위소'(actants) 개념을 도입한다. 그는 행위소란 개념을 통해서 '비인간'(the nonhuman)적 요소인 기술을 엄연한 개별 주체와 맞먹는 위치로 격상하고 있다. 그 효과는 기술 생성과 구성의 구조적 해석을 확장한다는 점이다(Latour, 1999; 2000). 라투르는 '숨겨지고 경멸받는 사회적 덩어리들'(hidden and despised social masses)이란 묘사를 통해 기술의 수동적 지위를 나락으로부터 구원한다. 라투르의 관점은 기술과 사회가 주고받는 영향과 맥락화 관계를 밝히는 데 있어서 기술을 수동적 차원에서 끌어올려 아예 객체화해 행위하는 인간과 비슷한 동일자 논리로 본다는 점에서 흥미롭다. 우리가 라투르의 기술에 대한 행위소적 접근을 긍정적으로 본다면 사실상 이는 맥락(지상)주의에 경도된 일부 비판적 기술연구자들에게 역으로 경종을 알리고 있다고 볼 수도 있다. 다시 말해 기존의 기술 디자인의 중층적 맥락화란 전제하에 역으로 기술 디자인이 인간과 사회에 미치는 상응된 효과에 다시 주목하게 하는 계기를 주고 있는 것이다.

논의를 종합해보면 이렇다. 자본주의 기술 디자인에 틈입한 맥락 연구들은 극단의 기술 회의론과 정치경제학적 분석에서부터 기술 자체를 행위소로 등극시키는 라투르의 논의까지 기술 형성 혹은 구성에 대한 다양한 접근의 스펙트럼을 넓게 펼쳐 보이고 있다. 맥락의 중층성도 자본주의 기술 비판론과 마르크스적 전통의 기술 해석에서부터 기술을 둘러싼 행위자들의 다양한 연결망과 기술 자체가 역으로 인간 의식과 행동, 넓게는 문화에 미치는 영향력을 함께 분석하는 데까지 이른다. 결국 불순하고 탁한 기술의 접근법들은 후대로 갈수록 거시적 맥락화의 해석 기제보다는 행위자들의 경쟁 속에서 계속해 '움직이며'(in action) '형성 중'(in the making)에 있는 기술(Latour, 1987)에 대한 분석으로 옮아가고 있음을 추측해볼 수 있다. 무엇보다 오늘날 기술의 사회적 구성주의라는 명명법을 갖고 함께 묶이는 연구들은 대체로 기술 형성의 유연적 과정과 거기에서 만들어지는 열린 '틈'을 강조하면서 자연스레 그 틈을 통해 기술 그 자체의 디자인 재설계/역설계의 실천적 저항 테제를 구체화하려는 계기를 고민한다는 점에서 주목할 만하다.

3) 기술 · 정보의 재/역-설계 기획

기술의 사회적 구성주의는 이제까지 본 것처럼 다양한 층위에서 기술과 매체-구조간 조응의 방식과 지형을 밝히는 데 그 장점이 있었다. 더욱 중요한 사실은 구성주의적 시각이 기술 구성의 단순 해석을 넘어 지배의 기술 디자인을 재설계해 탈주와 저항의 기술을 재구성하는 데 여러 단서를 주고 있다는 것이다. 요컨대 구성주의는 기술에 내재된 '급진적 잠재력의 억압 법칙'(the law of the suppression of radical potential, Winston, 1998, p.11)이란 맥락의 중층적 힘들이 작동하고 있는 안정적 국면을 뒤흔드는 계기를 항상 가정하고 있다. 고정되지 않은 기술 · 정보의 급진적 잠재력은 대체로 구조적 설계에 의해 억압받으면서 안정적인 듯 보이지만 그 반대쪽에서 행위자들에 의해 끊임없이 재구성되는 협상의 진행 상황들이 기술 디자인을 항시 불안정한 상태로 둔다고 볼 수 있다. 보통 기술 디자인이 안정적 상태에 이르면 억압의 법칙이 강해져 그 코드를 뒤바꾸거나 되돌리기 어렵다. 자본주의 시장에 내놓은 시판 기술과 매체 상품의 경우 더욱 그렇다. 즉 구성주의자들의 용어법을 쓰자면 기술의 안정화는 더 이상의 '논쟁을 종결'(rhetorical closure)짓고 '문제의 소멸' 상황을 만든다(Pinch & Bijker, [1987]2001, p.44). 그렇다면 기술의 진로를 바꾸는 것은 최대한 코드의 반영구적 닫힘이 오기 전단계나 결정의 전면화가 다가오기 바로 전 '국지적 결정'(local determination, Scranton, 1994)이 남아있는 시점에서 개입이 이뤄져야 또 다른 잠재력이 열리고 새로운 경로들을 탐색할 수 있다.

핀버그의 '기술 코드'(technical codes) 개념은 이렇듯 이용자들에 의해 끊임없이 다른 길로 벗어나려는 탈주의 내생성을 기술 디자인 안에서 항시 잠복 중인 상태의 것으로 살피는 데 그 실천적 의의가 있다(대표적으로는 Feenberg, 2010; 2002; 1999 참고). 구조화된 맥락적 코드의 약한 고리를 깨고 나오는 '재설계'(re-programming)와 '역설계'(reverse engineering)의 실천이 그래서 그의 중요한 실천적 지점이다. 그의 논의 핵심은 기술의 사회적 구성주의의 관점과 비슷하게 기술 코드의 디자인에 단순 지배의 논리만이 압도하지 않는다는 사실을 일깨운다. 닫힘과 열림, 억압과 탈주의 핀버그식 '기술 코드'적 양가성의 또 다른 특색은 권력의 코드화를 경계하고 그 코드로부터 탈주하고 그 코드에 저항하는 계기들을 실천적으로 포착하자는데 있다. 앞서 언급한 본질주의적이거나 구성주의적 기술관이 대체로 코드를 지배하는 힘들과 그들간에 맺어지는 동맹 관계에 대한 사후 해석에 치중하는 경향이 있다고 볼 때 그의 코드 해석은 좀 더 행동 실천적 함의를 갖는다. 그는 지배 코드를 깨는 자발적 실천을 강조하고 있는 것이다. 그로부터 우리는 기술 · 정보와 미디어 코드를 재/역설계해 그 코드가 지닌 '자유도'(自由度, Hughes, 2001, p.54)를 극대화하는 기술의 문화정치적 사유를 상상하도록 주문받는다.

〈표 1〉 기술 · 정보의 접근 시각들

기술	자율적	인간 통제
중립적	(기술 · 생산력) 결정론 (예: 전통 마르크스주의, 미래학)	도구주의 (예: 진보에 대한 자유주의적 신념, 과학운동, 환경주의)
가치 내재적	실체론/본질주의 (체제의 수단이나 목적화, 예: 하이데거, 엘륄 등 비판적 기술철학)	상대주의/구성주의 (대안적 수단의 선택, 예: 기술의 사회적 형성론과 구성주의, 행위자연결망이론, 핀버그류 기술비판철학 등의 기술철학적 스펙트럼)

출처: Feenberg(1999, p.9)의 기본틀을 참고해 내용 수정.

핀버그의 기술이론 지형의 도식을 빌려 언급된 과학기술학의 논의 대강을 정리하면 〈표 1〉과 같은 기술연구의 현재 영역들을 만들어볼 수 있겠다. 이제까지 나는 기술에 각인된 맥락들의 다층성과 그 맥락들조차 기술디자인 안팎에서 관계 맺고 얽혀있는 망구조로 바라보는 구성주의적 관점이 필요하다는 것을 확인했다. 중층의 미·거시적 사회의 맥락들에 겹겹이 망구조로 연결된 기술디자인에 대한 접근 시각이 기술·정보 문화연구의 기본임을 전제한다. 더불어 그 맥락적 접근은 기술의 대안적 리프로그래밍이라는 비판적이고 해방적 기획까지 포괄할 것을 주문하고 있다. 즉 핀버그의 기술적 코드 등 열린 대안적 경로들에 대한 지적은 해석의 과학기술적 접근과 함께 행동주의적 실천의 기술·정보적 관점에 대한 접근을 촉구하고 있다.

한 가지 구성주의적 접근에서 우려할 대목은 맥락주의의 극단적 상대화 경향이다. 이로 인해 기술형성론이 주목했던 권력과 기술 관계의 구조적이고 본질적인 부분들을 소홀하게 다루는 경향이 증가할 수 있다. 맥락의 중층성과 복잡성에 대한 기술 구성주의의 해석과 천착은 특정 기술에 스머든 사회문화적 요인들을 살피면서도 이들간에 맺어진 상대적 가중치와 비대칭적 힘들의 관계망에서 사태를 파악하자는 데 그 의의가 있음을 잊어서는 곤란하다. 대체로 컨버전스 연구나 뉴미디어 문화연구 진영에서 보이는 기술·정보문화에 관한 미시적 맥락화나 아예 '비판적' 가치를 버리는 것은 매우 우려할만한 상황이다. 이는 기술 구성주의 등 과학기술학에서 보여지는 맥락의 극단적 상대주의만큼이나 논점없는 맥락의 나열에 그치거나 이용자 상찬에 그치는 경우가 많다. 이 점에서 과연 '비판적' 문화연구의 문제의식, 즉 주체 형성을 둘러싼 권력의 문제에 대한 주목은 여전히 기술·정보 문화연구 형성에 중요한 시사점을 준다고 볼 수 있다. 즉 주체-기술-환경을 둘러싼 맥락들의 가중치를 따지는데 '비판적' 전통에서의 문화연구적 유산이 그 이론적 태도로 기능할 수 있다고 본다. 기술·정보 문화연구의 인식론적 태도의 또 다른 한 축을 보기 위해서 다음 장에서는 문화연구 내부적으로 컨버전스와 디지털문화와 조우하면서 '비판적인 것'을 둘러싸고 이뤄졌던 최근 학술 쟁점들을 살펴보겠다.

2. 기술·정보 문화연구의 '비판적' 태도

문화연구와 정보·미디어 연구의 미래를 진단하는 논의들이 문화연구 안팎들에서 최근 몇 년째 이어졌다. 예를 들어 하틀리(Hartley, 2012)는 마르크스주의와 연계된 버밍엄대학 현대문화연구소(CCCS) 계열의 '비판적' 문화연구의 스승들, 호가트, 윌리암스, 홀 등을 사회구조, 의미해석, 정체성, 특히 권력 연구를 집착하게 만든 부정적 의미의 '올드 스쿨'로 간주하며 독설을 내뿜었다. '비판적' 문화연구가 이들의 소위 '과학적 마르크스주의'에 갇혀 타영역의 과학적 방법과 대화하거나 그들의 학문적 발전을 받아들이는 것을 게을리하게 만들었다는 비판이다(pp.38~39). 문화연구의 '비판적' 전통의 학자들이 '새로운 영역'에 대해 대화를 거부한다며 그 불통의 정서를 비꼬아 야유하고 있는 셈이다. 하틀리는 오늘날 '새로운 영역' 가운데 하나로 이용자들의 혁신과 협업의 생산방식을 꼽으며 이와 같은 신생 분야를 설명하기 위해서는 타 학문 영역들, 예를 들면 진화경제학이나 복잡계이론 등 혁신의 과학이론과의 조우가 필요하다고 주장했다. 따져보면 그의 언설은 이용자들의 창발성이 들끓는 현실에서 '비판적' 문화연구의 그늘로 인해 변화의 정서를 적절히 다루거나 설명할 수 있는 학문 분과들과의 융 · 복합이 이뤄지는 것을 막거나 발목을 잡고 있다고 보는 견해다.

누구보다 새로이 형성되는 기술 · 정보 문화에 집중했던 대중적 미디어 연구자 젠킨스(Jenkins, et al, 2013) 또한 그의 최근 한 저서에서 이와 비슷한 불편한 심사를 표현하고 있다. 미디어 생태계에서 벌어지는 첨단의 기술 변화를 마주하면서도 '오로지 비판을 위한'(purely critical) 그리고 '축하에 인색한'(not celebratory enough) 학계 연구자들에게 그는 불편한 심사를 드러냈다(pp.xii-xiii). 젠킨스는 이미 대세인 미디어 플랫폼의 진화와 콘텐츠 생성의 새로운 진화를 받아들이지 못하는 비판연구자들의 경직성을 대놓고 문제 삼는다. 아마도 일부는 고전적 미디어 정치경제학자들을 향한 비판인 듯도 싶은데, 소수 대기업들에 집중된 미디어 생산 기제에 대한 그들의 항상 비관론적인 앵무새 소리는 또한 현실 이용자 문화의 거대한 변화를 보지 못한 게으름의 소치라 일갈한다. 젠킨스는 문화연구자들이 첨단의 미디어기술 현상에 대한 '비판적' 태도와 잣대로 인해서 외려 새로운 기술과 정보문화의 흐름을 읽는데 청맹과니였다고 밝혀 하틀리와 대동소이한 관점을 공유하고 있다.

반대의 흐름도 존재한다. 국제저널 『문화연구(Cultural Studies)』

(2011, vol.25, no.4~5)에서는 컨버전스 문화에 대한 재조명을 시도했다. 특별호 서문(Hay & Couldry, 2011)에서 편집자들은 젠킨스(Jenkins, 2006), 하틀리(Hartley, 2012), 셔키(Shirky, 2010) 등이 내세운 자유주의적 정서의 기술과 정보의 근거없는 낙관론을 역비판한다. "컨버전스/문화의 특수한 역사적, 지리적 생산에서 오는 민주적 시민권의 다양한 모순과 우발성들"을 연구의 테마로 삼기 보다는, "상호작용성의 미덕을 강조하고 자작(DIY) 미디어의 비전문주의와 아래로부터의 미디어 동원을 보편적 민주주의로 단순 이해하는"(p.481) 기술 · 정보 자유주의자들의 낭만적 경향을 강하게 비판했다. 『문화연구』 저널 편집자들은 하틀리와 젠킨스와 같은 자유주의적 문화연구자들이 기술의 축복과 세례 그리고 이용자의 창발적 역할에 허우적거린 채 주체와 정보기술을 매개하는 권력의 작동 논리를 생략했다고 지적한다.

호주의 비판적 문화연구의 전통을 계승하고 있는 터너(Turner, 2012, Chapter 4 참고)의 반응 또한 흥미롭다. 그 또한 기술 · 정보 자유주의의 여파 속에서 '비판적' 문화연구의 회복을 주장한다. 그는 맥기건(Jim McGuigan)의 '문화적 포퓰리즘'의 개념을 적극 참고한다. 즉 '대중적인 것'을 위해서 이론적이고 정치적으로 '비판적'인 문화연구의 프로젝트를 포기하는 최근의 학문적 부류들을 비판했다. 그는 구체적으로 문제 있는 학문 영역들로 컨버전스연구, 뉴미디어연구, 창조산업론을 한데 묶어 지명한다. 그는 이엔 앙(Ien Ang)을 인용하면서 이들 신종 학문 영역들이 이용자문화의 '능동적인 것'을 마치 '권력'을 다 얻는 것으로 착각해 그것에 도취하고 열광한다는 점에서 지극히 낭만적 자유주의에 가깝다고 비판한다. 터너는 첨단기술에 열광하는 이들 문화연구자 부류가 애초 문화연구가 견지했던 문화의 시장화에 대한 분석이나 그 정치·사회적 효과에 대한 현실 비판정신을 슬쩍 내려놓고 있다고 지적한다.

유럽 중심의 비판적 문화연구의 전통과 새로운 현실을 새 부대에 담고자하는 낭만적 혁신주의자간의 부딪힘에서 기실 '비판적'이라 하는 것의 내용은 대체 무엇인가? 터너 등에게 '비판적'이란 수사는 대체로 기술−주체를 둘러싼 권력의 작동과 중층적 맥락을 읽는 태도일 것이다. 하틀리 등 후자의 입장에서 보면 이는 반대로 권력과 맥락의 권위에 눌려 기술−주체의 급변하는 변화와 새로운 생성의 문화적 가능성을 놓치는 고답과 불통의 학문적 온고주의로 비춰지고 있다. 기술·정보 문화연구에서 '비판적'인 것의 좀 더 정확한 해명을 위해서 소위 서구에서 진행됐던 '사이버문화연구'의 정의법을 한번 더 옮겨보자.

한 때 '비판적' 사이버문화연구(Silver, 2006)라는 개념을 갖고 기술·정보의 연구를 집중적으로 수행했던 문화연구자들이 그 이념적 지향과 방법을 논의한 적이 있다. 사이버문화연구는 90년대초부터 보헤미안적 가상공간의 문화분석으로 시작해, 국가, 자본, 가상공동체, 사이보그, (성)정체성 등의 논의로 확대해왔던 일단의 연구 집단에 해당한다. 이들의 논의에서 흥미로운 점은 그들 스스로 1세대 영국의 비판적 문화연구와의 계열체적 동질성 혹은 '가족적 유사성'을 확인받고자 한다는 사실이다. 사이버문화연구의 주요 논의는 이렇다. 기술과 정보문화 형성에 틈입하는 맥락들을 좀 더 거시적인 변인들로 확장할 것, 즉 자본주의, 소비주의, 상업화, 문화다양성, 일상생활의 권력화 지점에까지 기술·정보 현상 분석에 담아낼 것을 주문한다. 더불어 사이버문화연구의 '비판적'인 것에는 이론적 실천에 대한 고민도 담겨 있다. 상아탑을 벗어나 사이버문화연구가 억압받는 세계를 향한 실천에 공헌해야 할 것을 주장하고 있는 것이다. 학문적 수용의 입장에서 이들의 태도는 원용진(2007; 2005)이 언급했던 '더하기 전략'과 흡사하다. 예를 들면, 원용진은 내적으로 '가족유사성'을 유지하는 근거로 '진보적' 가치를 견지하면서도 동시에 미디어 문화연구의 외곽 혹은 바깥이라 불리는 소수 미디어운동 등 포괄적, 실천적 연구 태도를 더하라고 촉구한 적이 있다.

　구조적 혹은 '거대 서사'적 접근의 폐해와 계몽의 부활이란 노이로제에 시달리며 살았던 현실 문화연구자들에게 '비판적'이란 말은 대단히 마르크스적 교조와 과학으로의 회귀마냥 불편하게 다가온다. 개인의 권능과 창발성, 협업의 민주적 가치들이 만개하는 판에 '비판적'이란 정치적 뉘앙스를 지닌 말을 우리가 굳이 또 가져다 쓰는 것이 못마땅할 것이다. 그래서 일부 미디어 이용자연구와 다중미디어 이용의 적극적인 연구 경향은 '비판적' 잣대를 가져가느니 차라리 이를 떼어내는 불운한 선택을 하곤 했다. 즉 매체를 중심에 놓으면서 거대 서사와 비판적 시각을 함께 내버리는 경우가 비일비재한 것이다.

　'순수한' 기술만큼이나 비정치화된 분석의 폐해를 복구하기 위한 방식으로 인해 국내 기술·정보의 문제를 적극적으로 사유하는 일부 문화연구자들은 낭만적 혁신주의자들과의 거리두기와 스스로의 정치적 좌표잡기를 시도하고 있는 모양새다. 정보·기술 문화연구의 구성에 있어서 '비판적' 태도의 견지와 '더하기 전략'이란 측면에서 참고할만한 국내 언론학내 문화연구의 연구 성과는 비록 소수지만 다음과 같은 중요한 흐름을 형성한다.

먼저 '미디어의 사회문화사'적 시각(유선영 외 2007; 이상길, 2008)을 꼽을 수 있겠다. 이들은 맥락의 다층성을 열어놓고 당대 매체를 구성하는 일상적 권력의 작용을 궁구하는 '비판적' 전통에 근거한다. 즉 미디어 구성에 미치는 역사적 체제와 구조적 권력의 다양한 층위에 대한 맥락들을 살핀다. 그러면서도 그 기저에 실제 매체 수용의 개별자인 인간들의 다양한 생활사와 결들을 강조한다. 이제까지 줄곧 이의 양 극단에는 '역사적 접근'과 '문화사적 접근'이 존재했다. 전자는 제도사나 정책사에서 강조되는 개선 혹은 발달과 진화의 주류적 흐름이 강조되는 반면에 후자에서는 맥락의 탐구에 힘을 빼는 대신 아래로부터 꿈틀거리는 주체의 능동성과 당시의 기술의 쓰임새와 이를 해석하는 주체들의 상에 그 강조점을 뒀다. 즉 후자는 '역사적 접근'의 거시 패러다임을 탈피해 이용자들의 자발성과 역동성을 관찰하는 장점을 갖고 있었다. 그럼에도 불구하고 문화사적 접근은 역사적 접근에 비해 현실의 '비판적' 맥락을 간과하거나 주어져 있는 미시적 문화 분석을 통해 개별자가 구성하는 현실에 압도되어 상대적으로 변혁과 재구성에 상대적으로 무관심하다는 단점이 존재했다(이기형, 2011). 미디어 사회문화사적 접근은 역사적 접근과 문화사적 접근의 단점을 보완해 상호 합치는 일종의 '통합사'적 접근에 해당한다. 특정 매체와 기술이 발전하고 진화하는 구조의 중층적인 맥락과 그들간 힘의 배치를 따지는('재맥락화') 작업과 함께 이용자 주체

들이 형성하는 역동적 문화를 동시에 보려는 강점을 지니고 있는 것
이다.

다음으로 뉴미디어나 소셜웹을 집중해 분석해왔던 일부 연구자들
에서도 문화연구의 탈정치성을 극복하기 위해 구조와 맥락의 비판
적 무게를 고려하면서도 주체의 가능성들을 발견하려는 성찰적인 분
석들이 줄곧 있어 왔다. 일례로, 정준희와 김예란(2011)은 이 글에서
낭만적 혁신주의라 언급했던 하틀리류의 기술낙관적 접근에 대한 비
판적 독해를 시도한다. 구체적으로 '컨버전스' 개념을 둘러싼 낭만적
담론들을 넘어서기 위해, 저자들은 인간, 문화, 사회적 관점에서 이
를 계열화해 분석하고 중층적 이해를 도모한다. 김예란(2012)은 다
른 글에서 '스마트' 장치라는 기술적 대상을 통해서 권력의 구조와 주
체의 역능이 서로 부딪히면서 형성되는 기술의 산업적, 미학적, 문화
적 계보학을 추적한다. 이동후 · 김수정 · 이희은(2013)의 경우는 여
성의 몸, 젠더 정체성 그리고 (디지털) 테크놀로지가 접합하는 방식
을 이론적으로 살폈다. 그들은 분석을 통해 여성의 몸을 매개하는 기
술 경험이 젠더 질서의 재생산에 복무하거나 여성주의적 저항으로
이어지는 등 몸-젠더-기술의 상호 구성적으로 서로 얽혀있는 지형
과 관계를 재사유하려 했다. 저자들이 언급한 여성주의적 저항의 일
례일 수 있는 김수아(2007)의 또 다른 연구는 기존 뉴미디어 소비자
의 단순 '권능' 정도로 해석됐던 '임파워먼트'(empowerment)란 개념
을 사이버공간에 참여하는 여성들의 일상생활의 정치의 일환으로써
'힘돋우기 실천'(예컨대, 기술능력 배양, 적극적 문화생산, 교호적 지
지와 실천, 저항적 담론 생산 등)으로 재해석해냈다. 윤태진(2007)

의 경우는 '게임문화연구'란 이론적 개념의 제시를 통해서 게임 연구의 두 가지 전통, '내러톨로지'(게임 내러티브와 맥락 연구)와 '루돌로지'(게이머 주체 연구)가 상호 교호하며 부딪히는 중층적 연구 지형을 제시한 적이 있다.

흥미로운 점은 결국 이들 모두가 과학기술학이나 비판적 문화연구에서 다뤘던 문제의식을 공식적으로 선언하고 있지는 않았지만 기술·정보 현상에 대해 사회문화적 접근법을 통해 분석의 층위를 중층적으로 맥락·계열화하거나 두텁게 관찰하는 '비판적' 태도를 기본적으로 갖췄다고 평가해 볼 수 있다.

3. 기술·정보 문화연구의 새로운 시각들

연구 대상의 다양화라는 측면에서나 기술·정보 문화연구의 보다 현장 실천적 분석들의 발굴이라는 점에서 보면 언론학 연구 바깥에 있는 영역에서의 논의 생산 또한 대단히 주목할만한 가치가 있다. 실제로 이 책이 만들어진 주요 목적이자 다음 장부터 소개될 필자들은 학계 연구자, 예술가, 비평가, 문학평론가, 문화활동가 등의 영역에서 기술·정보 문화현상에 대한 새로운 '비판적' 분석과 관점들을 도입한 이들이다. 대체로 필진들 대부분의 분석에서 앞서 그 이론적 자양분으로 파악했던 '구성주의적', '비판적', '실천적' 태도를 다들 거의 자생적으로 발굴해 자신의 글 속에 녹아내고 있다.

예를 들어 2013년 5, 6월에 필자가 기획해 일곱 차례 진행했던 콜로키움 주제 〈기술·정보 문화연구와 분석의 지층들〉은 소외되었으나 새롭게 부상하는 기술·정보 문화연구자들에 주목하려는 시도라는 점에서 학자간 상호 네트워크의 중요한 사례였다. 이 모임은 언론학 바깥 영역에서 미디어 연구를 수행하고 있는 연구자들의 연구주제 발표를 통해서 이론-비평-현장에서의 연구 경향을 살피고 과연 기술·정보 문화연구의 '구성주의적', '비판적', '실천적' 태도를 어떻게 그려보는 것이 좋은지를 고민하는 자리로 삼았다.

콜로키움에 참석했던 이들은 필자들이자 각자 자신들의 독특한 개념화를 통해 기술·정보 문화연구의 형식 실험을 행했다. 이 책에서 소개되는, 기술 구성주의적 시각에서 펼치는 '기계비평'(이영준, 2012), 정보자본주의의 새로운 '잉여문화' 연구(이길호, 2012; 김상민, 2012), 자본화된 자작(DIY)문화의 교정 형식으로 부상하는 '메이커문화'(maker culture)의 대중화 실험 (예를 들면, 청개구리 제작소와 작가 최태윤의 워크숍과 저작 활동들), '로우테크'의 사회적 구성주의적 접근(임태훈, 2012) 그리고 이용자 문화의 중요한 형태로써 해커문화 연구(조동원, 2013 참고)가 그것이다.

언론학 바깥에서 생성되나 미디어연구 내적 동력으로 아직까지 활용되지 못하는 이들의 논의는 사실상 기술·정보 문화연구의 '구성주의적'이고 '비판적' 개입의 적절한 사례들이다. 구체적으로 이는 이영준과 임태훈의 작업에서 상당히 자생적으로 이뤄지고 있다. 두 저자의 '기계비평'과 '로우테크'의 구성주의적 접근은 비판적 구성주의의 태도를 본능적으로 공유하고 있다는 점에서 흥미롭다. 선박과 복사기란 기술 관찰 대상의 '로우테크' 소재, 인간-기계-환경간 인터페이스 논의 속 화자의 직접 항해 실험, 80년대 복사기를 둘러싼 지형과 다층적 맥락화가 그 증거이다.

구체적으로 이영준(2012)은 초대형 컨테이너 선박 '페가서스'를 타고 중국 상하이에서 영국 사우샘프턴까지 한 달여간 10,000마일의 여행을 촘촘히 기록한다. 이 거대 기계의 매개를 통해 그는 '인간-기계-환경의 인터페이스'가 만들어내는 새로운 일상의 경험을 관찰 형식으로 두텁게 기록하고 있다. 그는 자신의 기록을 '기계비평'이란 용어를 사용하는 데, 그 비평 방식은 "바다-배-인간이라는 네트워크를 가능한 한 많은 선들로 가로지르는 작업"(5)에 해당한다고 말한다. 문학평론가 임태훈(2012)은 '로우테크'의 구체적 사례로 1980년대 국내 '복사기' 기술의 분석을 수행하면서 그는 복사기 기술 그 자체의 코드를 읽는 대신 '복사기의 네트워크'란 시스템 분석을 따른다. 이는 이영준이 본능적으로 기술의 구성주의적 시각을 표현했던 "가능한 한 많은 선들로 가로지르는" 행위와 비슷하다. 임태훈은 이를 '복사기의 네트워크'란 당대 복사기를 가로지르는 무수한 선들과 망들의 씨날줄로 묘사한다. 과학기술학에 대한 체계적 배경지식을 습득한 적이 없었던 이 두 저자에게도 이렇듯 본능적으로 비판적 구성주의의 태도가 자리잡고 있는 것이다.

또 다른 중요한 흐름으로는 현장 실천적이고 기술 행동주의적 실천 태도를 강조하는 경향이다. 대표적으로 이에 청개구리제작소와 최태윤을 꼽을 수 있다. 이들의 창작 활동에 가까운 손작업들은 인간 문명을 구성하는 다양한 일상 기술들의 암호화된 '코드'를 열어 그 이면을 들여다보고 공유하여 자립 기술을 세워 삶과 생존의 방식을 바꾸려는 상상력과 밀접히 연결돼 있다. '청개구리제작소' (fabcoop.org)는 주로 제작 워크숍을 통해 생활형 기술에 대한 색다르고 대안적 개념을 퍼뜨리는 3인조 그룹이다. 예를 들면, '적정기술' 실험이 그러하다. 적정기술이라 함은 한 사회공동체의 지속가능한 정치, 문화, 생태 조건과 환경을 고려해 도입되는 작은 규모의 기술을 뜻한다. 예컨대 이들은 워크숍에서 자가 발전으로 돌아가는 선풍기와 자전거 라이트를 공동 제작하거나 목공과 전기기술로 이뤄지는 노출형광등을 만들면서 에너지와 기술 환경의 가능한 대안들을 상상한다.

청개구리제작소와 함께 다양한 현장 활동을 벌이는 작가 최태윤(2011; 2012; 이광석, 2013. 3. 참고)의 경우는 국내에 '제작자' (maker), '픽서'(fixer), 제작 문화 등의 개념을 대중화한 인물이다. 그의 '제작' 개념은 우리에게 기업과 공장의 일이 된 지 오래인 손의 기술과 정보 감각을 회복하려 한다. 자본화된 기술에 의해 죽어가는 제작과 수리 문화를 되살리고 공유해 우리 모두가 문명의 제작자가 되도록 독려하려는 일을 그는 꾸민다. 최태윤 등은 결국 점점 인간의 몸과 멀어지는 문명 기술의 코드 열기에 적극적이면서 우리에게 또다른 열린 가능성으로서의 기술 · 정보 코드를 실천적으로 고무하는 역할을 맡고 있다.

종합해보면 매체와 기술이 단순히 죽어있는 대상물이 아닌 이를 둘러싼 '관계망의 총합'(거대기술체계)이라고 여긴다면, 이에는 정치경제적, 사회적, 정책적, 기술적 맥락들과 함께 그 기술을 이용하는 이용자들의 문화적 경험과 습속이 함께 씨 · 날줄로 얽혀있다고 봐야

할 것이다. 기술·정보 문화연구 내 '비판적인 것'의 회복 논쟁은 최근 뉴미디어 기술 논의를 통해 점화된 바로 기술을 둘러싼 힘들과 그것을 어떻게 배치할 것인가에 대한 고민의 소산인 셈이다. 이 책에서 소개될 필자들은 바로 이같은 비판적 구성주의의 문제의식을 크게 공유하고 더 나아가 현장 개입의 실천적 상상력까지 포함하는 논의들을 생산하는데 적극적이라 볼 수 있다. 현재 적어도 이들 연구자들에게서 대단히 흥미로운 방식으로 기술·정보 문화연구의 로컬화된 발전이 이뤄지고 있다는 점을 확인할 수 있다.

4. 기술·정보 문화연구의 지형과 확장 영역

단순화의 위험을 무릅쓰고 이제까지 주요 논의를 근거삼아 기술·정보 문화연구의 인식론적 자원과 그 지형을 보여주고자 한다. 기술·정보 문화연구의 이론적 자원은 크게 내·외적으로 구분해 파악해볼 수 있다. 〈표 2〉에서처럼 과학기술학이라는 기존 연구 바깥의 이론적 자원을 활용하여 기술디자인을 둘러싼 맥락의 중층적 배치를 두껍게 드러내는 여러 이론적 태도와 방법을 적극 수용하는 것이 그 한 축에 해당한다. 다른 한 축에서는 내적으로 주체화 과정에 개입하는 권력 작동의 문제를 '비판적'으로 다루는 문화연구의 전통을 계속해서 기술·정보 현실 분석의 기본적 접근으로 삼는 태도가 요구된다.

〈표 2〉 기술 · 정보 문화연구의 인식론적 입장

과학기술학의 사회적 구성주의	비판적 문화연구
중층적 맥락성	권력-주체화 과정
기술 · 정보 문화연구	
개입과 실천의 이론 작업과 실험 발굴	

← 구조화/맥락 확장　　　‖　　　재설계와 대안 가능성 분석 →

그러면서도 '비판적'이고 맥락적 해석의 치밀함을 넘어서서 개입과 실천의 이론과 저항 실험을 모색하는 것이 기술 · 정보 문화연구가 견지해야 할 또 다른 중요한 태도로 삼는다. 실천과 개입의 태도란 특정의 기술을 정당화하는 문화적 · 정치적 지평의 무의식을 드러내고 이미 그 자리에 그 기술이 있으니 필수적이라는 환상을 걷어내는 데 유의미하다. 또한 이는 이미 '자리를 굳힌'(established) 기술적 선택 또한 지배적 이해관계에 따라 상황적 요인들에 의해 결정된다는 사실을 폭로하는 적극성의 태도이기도 하다. 기술에는 사회적 관계가 각인되고 특정의 문화적으로 공유되는 가정인 '지평'(the horizon)을 기술(체계)의 물질적 형태로 정당화하는 기제 즉 '기술적 헤게모니'를 걷어내는 작업이 필요한 것이다(Feenberg, 1987, p.87). 이제까지 '중층적 맥락화'와 '비판적 태도'에 대해 강조한 바처럼 미 · 거시 권력이 기술적으로 매개되거나 그 안에서 작동하는 기술 헤게모니의 추적이 바로 기술 · 정보 문화연구의 해석적 대상이어야 한다. 더불어 궁극적으로는 그것이 지닌 비민주적 구조 개선에 대한 이의 제기와 개입의 실천이 중요한 목적이어야 함은 물론이다.

다음의 〈표 3〉에서는 이와 같은 기술·정보 문화연구의 인식론적 지형을 고려해 기술·정보 문화연구에서 확장되어야 할 연구 영역들을 표 안에 모아보는 작업을 수행했다. 테이블 첫번째 열은 기술·정보 연구를 주로 하는 전통적 미디어연구 내부의 대표적 연구분과를 나열하고 있다. 각 연구 분과에 맞춰 기존에 주로 이뤄진 분석들을 테이블의 둘째 열에 옮겼다. 그리고 테이블의 마지막 열은 개입의 실천과 연계된 확장 연구영역을 살펴봤다.

〈표 3〉 기술·정보 문화연구의 영역들

연구 분과	기존 미디어 연구영역	기술·정보 문화연구의 확장 영역
미디어(기술)사	미디어와 인터넷의 역사 혹은 매체문화사	기술·정보의 사회문화사
정보 연구	저작권 문화, 망중립성 연구	정보공유의 대안적 라이선스문화, 디지털 커먼즈 연구
정보사회론	네트워크사회, 정보양식론	후기정보사회 연구
뉴미디어 수용자론	능동적 이용자론, 생산주체로서 이용자, 집단지성	잉여문화, 기술·정보 행동주의, 몸-젠더-테크놀로지 연구, 메이커문화 연구
컨버전스/뉴미디어 문화연구	재매개론, N스크린 문화	소셜 협업문화, 다중 매체 이용연구
사이버문화연구	보헤미안적 가상공간의 문화분석, 사이버세대론	로우테크문화, 기계비평, 해킹문화 연구
정보의 정치경제학	ICT기반 자본주의 위기 극복 테제, 독점자본주의론, 노동과정론	정보자본주의 연구, 대안적 코뮨체제 설계, 인지자본·정동자본 연구
감시연구	현대 파놉티콘 체제 연구	빅데이터 알고리즘 감시와 코드 연구
대안미디어	전술/게릴라/커뮤니티/독립 미디어, 시민저널리즘	(빅)데이터 저널리즘, 소셜 행동주의, 적정기술 연구

첫째 열의 연구 분야들은 밖으로 타 유관 학문 분야들에 열려 있고 내적으로 분야간 주제가 중복되어 겹치기도 한다. 둘째 열에서 보여지는 기존 분석영역의 하위 주제들은 기술·정보 문화연구가 기대고 있는 '구성주의적', '비판적', '실천적' 태도와 방법과 관련해서 아직은 결핍됐거나 변화하는 기술·정보 현상의 구체적 환경을 적절히 반영하고 있지 못하는 단점을 지닌다. 즉 기존 미디어 연구 영역들은 여전히 기술·정보 환경의 소묘와 '해석'에 주로 머물면서 당대 기술 환경의 전망과 지평을 넘어서는 또 다른 기술과 정보문화의 비판적·대안적 논의로 연결되는 실천과 탈주의 상상력이 부족하다. 마지막 열은 이 점에서 기존 연구의 한계를 극복하기 위해 잠재적 확장 영역을 명시적으로 제시하고 있다. 결핍된 기존 연구영역에 상응해서 새롭게 부상할 수 있는 혹은 주목할만한 기술·정보 문화연구의 신생 분야들을 마지막 열에 정리했다. 이 신생 연구 영역들이 물론 아직 기술·정보 문화연구 전체 지형을 아우르진 못하더라도 기술의 구성주의적인 지점을 확인하는 동시에 새로운 연구 영역들을 제시함으로써 미디어 연구의 다양한 확장 가능성을 보여줄 수 있다고 본다.

기술·정보 문화연구가 향후 견지해야할 대체적 방향과 관련해서 엄밀히 보자면 〈표 3〉에서 보여주는 확장 연구 영역들은 일종의 예시에 불과하다. 물론 이의 전제는 이제껏 강조했던 정보기술 디자인의 중층적 맥락화와 문화연구내 비판적인 것의 회복 그리고 매체나 기술문화의 주어진 '지평'을 넘어서려는 실천적 도전에 있다. 표에서처럼 기술·정보 문화연구의 확장 영역들은 크게 이론적 개입, 비평적 개입과 실천적 개입의 세 지점들로 나눌 수 있다. 이론적 분석 영역에 좀 더 가깝고 추상성이 높은 연구는 예컨대 디지털 커먼즈 연구, 후기-정보사회 연구, 정보자본주의 연구 등이다. 반면 기술·정보 비평을 통한 실천적 개입과 확장이란 측면에서 새롭게 볼 수 있는 분야들에는 기술·정보의 사회문화사, 로우테크연구, 기계비평, 해킹문화 연구, 잉여문화 연구, 몸-젠더-테크놀로지 연구, 다중 매체와 주체 구성 연구, 빅데이터 감시 연구 등을 논할 수 있겠다. 마지막으로 연구 논의의 추상도가 낮긴 하지만 실제 현장에서의 적용과 행동주의적 실천에 가깝게 연계되어 대안적 기술·정보의 구체적 상을 직접 그려보려는 연구 영역들도 발견된다. 예를 들어 메이커문화 연구, 기술·정보 행동주의, 소셜 협업문화 연구, 빅데이터 탐사저널리즘 연구, 소셜웹 기반 행동주의 연구 등이 그것이다.

기술·정보 문화연구가 '구성주의적', '비판적', '실천적' 태도를 견지하면서 개입의 학문으로 자리잡기 위해서는 이론-비평-현장의 세 층위에서 중요한 논제들을 다루며 각기 연구 영역들을 확장해나가는 노력이 필요하다. 무엇보다 각 층위에서 비슷한 관점과 대상을 공유하는 여러 전공자들간의 교류와 소통을 복원하는 일이 우선이다. 예를 들자면, 이론 개입의 층위에서는 커먼즈 연구나 정보자본주의, 비평의 차원에서는 기계비평이나 로우테크문화 연구, 현장 개입의 측면에서는 메이커 문화와 기술·정보 행동주의 등을 새롭게 조명하거나 기존의 연구 분과적 논의들과 상호 연관해보려는 시도가 그 적절한 사례일 듯싶다. 그와 함께 각 층위에서 부족한 연구 영역과 그 잊혀진 부분을 되살리거나 확장하는 노력이 필요하다. 이 책에서 시도하고 있는 소외된 연구 영역들에 대한 발굴과 관심이 그래서 크게 요구된다.

기술과 매체에 뿌리박힌 권력의 흔적들에 이의를 제기하거나 그 흔적을 제거하는 데는, 법 제도와 정책[3]을 통한 과학·기술문화의 설계를 바꾸는 작업이 근본적이긴 하나 충분조건이 되진 못한다. 사실상 기술·정보적 대상들에 체화되고 주체를 통해 영향을 미치는 복잡다기한 권력의 작용들과 기술·정보 현실의 대안적 지평들을 끌어내기 위해서는 구체적 이론—비평—현장 연구가 꾸준히 마련되어야 할 것이다. 이 점에서 기술·정보 문화연구의 핵심은 역사적으로 누적되고 체화된 권력의 기술 코드화 과정들에 대해 일상 영역의 다양한 문화분석을 수행하고 이를 벗어날 수 있는 기술저항의 실험들을 끊임없이 발굴하는 것이다.

인간 삶에 파괴력을 지닌 문명의 이기들에 대한 비판적 성찰과 비평에 머무는 것뿐만 아니라 권력화되고 도구화된 기술공학, 일상의 기술·정보문화, 문화예술 영역을 가로지르는 행동주의적 관점과 개입의 논의들이 좀 더 활성화될 필요가 있다. 이론과 비평의 인식론적 개입과 실천 역할이 대단히 중요하다는 것은 말할 나위없다. 하지만 세월이 가면 갈수록 개별자들의 기술·정보 활용력에 비해 구조적 통제력이 사라지는 현실에 대한 현장 개입이 오늘날 다른 어떤 영역들에 비해서 중요하고 필요하다. 의미있는 현장 개입과 실천을 향해

---

3) 예컨대, 이미 역사적으로 실험되거나 제도화된 과학·기술체계의 재설계 노력에는, '자주관리' 형태의 작업장 기술의 과두지배관리 시스템, 과학지식의 상업화에 대한 대안으로서 '과학상점', '과학·기술영향평가', 과학기술 민주화 합의체로서 '합의회의'나 '시민배심원회의'가 거론된다(이영희, 2011 참고).

비판적 문화연구자가 중심이 되어 다양한 배경 지식을 가진 기술 전문가, 개발자, 시민운동가, 창작 작가들, 현장 활동가들과 연대해 펼치는 공동의 대안적 기술과 미디어 체계의 문화정치적 구상이나 상상력이 요구된다. 굴절된 기술·정보 문화에 대한 저항 행위들을 구성하는 데 있어서 이론가와 비평가들의 해석적 역할과 함께 새로운 상상력의 지평을 자극하는 현장과 함께 벌이는 통합적 기술·정보 문화의 관찰 과정이 중요하다고 본다. 예컨대 이영준식 체험적 기술 구성주의적 '기계비평', 임태훈의 '로우테크'에 대한 관찰이 기술·정보 문화연구에 있어서 비평의 새로운 개입적 층위를 자극한다고 본다면 청개구리제작소나 최태윤의 논의는 현장 개입의 상상력을 함께 자극한다고 볼 수 있다.

심도 있는 이론·비평적 작업과 함께 현장에 좀 더 가까이 붙어있는 실천의 개입과 경험들에 대한 주목과 논의가 그래서 더욱 필요하다. 현상적으로 기술·정보를 통한 저항의 경험들은, 미디어 플랫폼(로우테크, 소셜웹 등), 대안적 정보문화(메이커문화, 협업문화 등), 여러 장르의 행동주의적 경향 (예를 들면, '전자적 시민불복종', 사이버행동주의, 문화/예술적 행동주의적 실천 등)과 합쳐지고 상호간 이종교배하면서 좀 더 실험적이고 교차적인 형태로 그 이론적·실천적 전망을 넓히고 있다. 기술·정보 문화연구는 이같은 새로운 흐름을 주목하고 새로운 기술·정보문화 흐름의 대안적 가능성을 찾아야 한다. 결국 기술·정보 문화연구의 온전한 구성을 위해서 관련 연구자들은 기술·정보문화의 비판적 구성주의에 기댄 이론적 연구와 비평 경향들에서 좀 더 자극을 받아야 할 것이다. 한발 더 나아간다면 문화 현장들에서 부상하는 대안적 기술 실험들을 참고하고 혹은 스스로 기술 실험에 참여하며 그 효과를 정리하는 연구 작업들도 요구된다. 이것이 바로 기술·정보현상에 스스로 거리두기를 시도하면서도 우리에게 선사하는 문명의 축복에 인색하지 않는 '비판적' 태도일 것이다.

---

* 이 책의 총론은 애초 콜로키움 기획의 일환으로 쓰여졌던 『커뮤니케이션 이론』(9권 2호, 2013, 127~161쪽)의 내용을 수정보완하여 재수록했음을 밝힌다.

1부 토폴로지

1장
잉여 미학과 뉴미디어 문화

김상민

이 글은 우리 사회를 한차례 휩쓸고 지나가는 중인 '잉여'라는 현상 혹은 징후에 대해 생각해보기 위한 하나의 시도다. 잉여라는 현상이 발생하는 여러가지 물질적 기반과 문화적 풍경을 짚어보면서, 잉여적 주체와 그들의 삶의 방식이 현재의 뉴미디어 환경 혹은 전지구적 디지털 네트워크에 침윤된 인지자본주의 체제 내에서 어떤 방식으로 소환되고 포섭/배제되는지 살펴볼 것이다. 이 글을 통해 잉여라는 주변의 현상과 뉴미디어라는 일상의 기술 사이에 존재하는 내밀한 관계를 이해할 수 있기를 바란다. 잉여가 한갓 우스개소리로 불리우는 것 이상으로 복잡한 문화, 정치, 경제, 기술적 문제들과 얽혀있다는 것 정도는 충분히 눈치 채고 있을 것으로 믿는다.

잉여라는 현상은 단지 한국이라는 지리적 공간에 국한된 것은 아닐 것이다. 잉여짓을 통해 잉여력을 발산하고 있는 잉여들이 세계 곳곳에 있으며 어떤 면에서는 한국 이외의 다른 세계에서 더욱 잉여적인 더 본질적인 잉여의 모습을 발견할 수도 있을 것이다. 글로벌한 스케일로 첨단 미디어가 일상화된 오늘날, 한국에서의 잉여라는 현상이 전적으로 특이한 현상이라고 주장할 수는 없다. 한국의 잉여들만 뉴미디어 테크놀로지의 혜택을 보고 있는 것도 아니고 한국에만 국한되어 잉여적인 청년들이 있는 것도 아니다. 사실 잉여짓에 속절 없이 빠져들고 지속적 잉여 상황을 헤어나지 못하는 청춘들이 증가 하는 것은 세계적인 추세다.

굳이 우리가 한국의 잉여 현상에 주목하는 이유가 있다면 이는 무 엇보다 그 현상 자체가 흥미로울 뿐 아니라 바로 그들 자신이 스스 로를 다름 아닌 '잉여'라고 불렀기 때문이다. 그것은 마치 자신을 불 필요한 존재로 간주함으로써 비로소 어떤 필요를 불러일으키는 존재 혹은 카프카적 인물의 비장함마저 전해준다. 그럼에도 불구하고 전 세계 어느 곳의 젊은 주체들에게서도 자신들을 '잉여'라는 그토록 비 하적인 언어로, 그러나 또한 역설적이지만 그 만큼 자기 긍정적인 방 식으로 호명하는 것이 관찰된 적이 없다. 잉여는 부정적인 호칭인 동 시에 자조하며 긍정하는 방식, 태도이기도 하다. 사회에서 잉여로, 나머지로, 혹은 부적응자로 보여지는 (타인을 의식한) 자신에 대한 묵인이면서도, (그로 인한 결과일 수도 있으나) 어쩔 수 없이 스스로 에게 주어진 잉여적 시간 혹은 잉여적 능력의 창의적인 사용을 가리 킬 수도 있을 것이다.

달리 말하면 한국에서의 잉여 현상이 중요해보이는 이유는 그들 스스로가 인식했건 못했건 간에 잉여라는 표현 혹은 호명이 자신들 이 처한 현실적 조건에 대한 가장 적절한 표현이라는 점이다. 여기 서는 '잉여'라는 호칭 자체, 잉여라는 그들의 말놀이만이 문제가 되는 것이 아니다. 보다 중요한 점은 그들의 정치경제적 현실로부터 그러 한 호칭이 자연스럽게 이끌려 나왔으며 그 호칭을 통한 정서가 공유되며 그 호칭으로 다시금 자신들이 발 딛고 있는 현실을 되돌아볼 수 있는 계기와 가능성을 마련하게 해준다는 점이다. "중요한 것은 실제로 '잉여 놀이'의 특성이 무엇인지가 중요한 것이 아니라, 그들이 스스로를 '잉여'로 호명한다는 것, 동일한 무엇을 공유하는 것이 아니라 오직 '잉여'로서 호명하는 것으로서 동질감을 획득한다는 것이다"(박슬기, 2010, p.348).

당대 한국 사회의 어떤 물적, 문화적 실체를 살피는 데 있어서 '잉여'는 하나의 관점을 제공할 수 있을까? 혹은 그 복잡한 미로의 입구에서 하나의 실마리로 기능할 수 있을까? 물적, 문화적 기회로부터 혹은 자본으로부터 배제되고 소외(분리)되며 오로지 그럼으로써 결국 자본의 물적 지배하에 놓이게 되는 '잉여'적 주체들이 처한 문화적, 기술적, 나아가 미적 특성을 파악하는 것이 이 글의 우선적인 목적이다. 이러한 물질적 기반에 대한 이해를 통해 현재의 정치경제적 권력과 사회적 통제와 같은 권력의 네트워크를 둘러싼 여러 형태의 담론과 테크놀로지를 분석하고, 동시에 그러한 권력의 네트워크 안팎에서 이루어지는 다양한 잉여적 실천과 문화에서 새로운 주체성과 대안적인 삶의 방식의 가능성을 구상해보는 것이 가능할 것이다.

1. '잉여'라는 개념과 잉여에 대한 연구

잉여가 무엇인지 혹은 누구인지 규정하는 것은 쉽지 않다. 잉여에 관한 사유를 시작하는 데 있어서 가장 먼저 봉착하는 어려운 문제다. 그러나 그 어려움이 잉여라는 용어의 심오함 때문에 생기는 것은 아니다. 잉여라고 자칭하는 이들에게 있어 그 용어의 의미는 명확할 것이기 때문이다. 그것이 다른 어떤 것을 의미할 수는 없을 것이다. 그럼에도 불구하고 잉여에 '대하여' 말하기 시작하면 그 의미는 고정되지 않는다. 요컨대 잉여 연구의 어려움은 그것의 양가성 때문이다. 우선 그것은 과잉되어서(excessive) 이로운 것인가 필요 이상으로 남아서(leftover) 쓸모없는 것인가 혹은 두 가지 모두인가? 나아가 잉여는 풍요인가 박탈인가? 잉여로움은 '일할 필요가 없어서' 생기는 것인가 '일할 수 없어서' 생기는 것인가? 잉여로움은 경제적 여유의 표출인가 경제적 수단의 박탈로 인한 자유로움인가?[1] 한 걸음 더 나아가, 잉여는 주체인가 아니면 삶의 방식인가? 그도 아니면 잉여는 획득하거나 창조해야할 어떤 가치인가?

단순히 정치경제학적인 측면에서만 이야기하더라도 잉여(surplus)는 도무지 어떤 하나의 의미로 다가오지 않는다: 자본의 관점에서는 응당 긍정적인 것, 필수적인 것이며 그것 없이는 자본의 순환 회로가 지속적으로 확대재생산될 수 없다. 다른 한편 노동의 관점에서는 어쨌거나 착취되어지는 것, 따라서 부정적인 것, 나아가 소모되는 것이다. 노동으로 생산된 가치의 일부로서 자본의 회로 속에서 자본(가)에 이전되어 축적되는 어떤 것이다. 그러나 그 두 가지는 관

---

1) 잉여에 대한 반감을 가지고 있는 어떤 이들은 잉여들의 잉여로움이 배부른 소리일 뿐이라고 생각한다. 즉 잉여들이 잉여로울 수 있는 것은 상대적으로 부유한 부모를 둔 덕분에 일할 필요가 없기 때문이거나 그저 잉여 자신의 무능력에 대한 핑계일 것이라고 전제한다. 어떤 의미에서 경제적 수단의 박탈로 인한 잉여들과 경제적으로 여유있는 잉여들 사이에는 적대적 계급 관계가 성립된다고 할 수 있을까? 그러나 잉여가 실재하는 하나의 계급이라고 주장하는 바는 아니다.

점의 차이를 드러내고 있을 뿐 전혀 다른 무엇을 지칭하고 있지는 않다. 오히려 그 두 가지 차이나는 관점을 동시에 바라볼 수 있을 때 우리는 그것의 실체를 조금이나마 이해할 수 있게 된다. 이처럼 잉여라는 개념은 애초부터 다의적이고 역설적이다. 이 다의적이고 역설적인 개념이자 주체이자 삶의 방식인 잉여를 이해하기 위해서는 여러 측면에서 여러 분석의 지층을 통해서 그것을 둘러싼 현상과 담론의 복잡한 네트워크를 관찰하고 바라봄으로써 한국 사회의 문화적 지도그리기 작업이 필요할 것이다. 그러나 이 글은 그러한 지도그리기의 밑그림으로 잉여를 잉여라 부르게 되는 그 미디어 현상 혹은 잉여가 잉여로 구축되는 소통 자본주의의 맥락을 스케치하는 것으로 시작하고자 한다.

이 글에서 고찰하고자 하는 새로운 미디어를 통한 잉여적 삶의 방식의 형성이라는 것과는 별개로 서구 인문사회과학에서 잉여에 대한 고찰은 존재해왔다. 물론 여기서 그들의 '잉여'(surplus)는 이 논문이 관찰하는 혹은 지금의 한국 사회에서 발견되는 '잉여'(ingyeo)와는 구별되어야 마땅하다. 물론 국내의 잉여 현상과 그에 대한 일련의 연구 사이에도 어떤 깊은 간극이 존재한다. 굳이 말하자면 경제학과 대중문화연구 사이에 있을 법한 그런 간극이다. 그러나 그것이 완전히 다른 이야기를 담고 있다고는 볼 수는 없다. 언제든 어디에서든 잉여 혹은 잉여적 존재들은 있어 왔고 우리에겐 지금 바로 그 잉여가 문제다.

외국의 경우 잉여에 대한 연구는 매우 거칠게 보아 주로 세 가지 측면/경향에서 바라볼 수 있겠다. 우선 잉여적 삶 혹은 잉여적 주체에 대한 고찰이다. 이러한 접근 방식에서 잉여란 '존재'를 의미한다. 예를 들면, 빈곤이나 인종의 관점에서 잉여적 인간, 즉 사회로부터 쓸모없는 것으로 버려지는 주체, 사회적 효용가치를 상실한 주체, 사회적으로 배제된 존재에 대한 연구가 있어 왔다.[2] 한편 경제적 잉여(가치)에 대한 연구들은 이미 오래 전 산업 자본주의의 성장기부터 이루어져 왔으며, 자본주의의 발전과 더불어 계속 그 대상과 방법론이 변화해왔다. 여기에서 잉여는 경제적인 의미에서의 잉여일텐데, '가치'가 잉여인 셈이다. 즉 이 잉여는 주로 어떤 가치로 표현되는 바, 자본이 자본주의 경제의 순환구조를 거치면서 생산해내는 어떤 가치(이는 상품이나 또 다른 형태의 자본으로 표현된다) 혹은 구체적인 돈/가격을 의미한다고 볼 수 있다. 마르크스주의 정치 경제학의 기본전제 속에서 가치는 무엇보다 잉여 가치이며, 이 잉여 가치를 발생시키는 하나의 전체적인 과정으로서의 자본주의는 또한 잉여 가치의 생산에 의해서만 지속가능하다.[3] 마르크스 식으로 말하면 잉여 가치는 자본주의적 가치체계의 전제이자 결과다. 나아가 철학적/정신분석학적/인지적 잉여에 대한 연구들도 충분히 있어 왔다. 직접적으로

---

2) 우선 미셸 푸코의 '생명정치'의 영향 하에 있는 조르죠 아감벤(Georgio Agamben)의 벌거벗은 삶으로서의 '호모 사케르'(homo sacer) 개념을 대표적으로 꼽을 수 있겠다. 나아가 유동성을 근대화된 사회의 근본 특성으로 보는 지그문트 바우만(Zygmunt Bauman)의 일련의 저작들에 등장하는 "쓰레기가 되는 삶", 저소득층의 삶을 직접 체험하며 기술하는 바바라 에런라이크(Barbara Ehrenreich), 슬럼화되는 도시와 잉여화에 대한 마이크 데이비스(Mike Davis)의 저작 등을 잉여적 삶에 대한 연구의 단초로 들 수 있다.

3) 잉여 가치에 대한 연구는 당연하게도 애덤 스미스, 데이비드 리카르도와 같은 고전 경제학자들로부터 기원하였으나, 그들에 대한 비판을 포함하는 마르크스의 〈자본〉, 〈그룬트리세〉, 〈잉여 가치론〉에서 잉여 가치의 본질이 드러난다고 볼 수 있다. 잉여 가치 혹은 가치에 대한 연구에는 비교적 최근의 정보재 가치 논쟁에 이르기까지 수많은 참고문헌 목록을 추가할 수 있을 것이다.

잉여라고 제시되지는 않지만 개념적으로 그러한 것을 표상하는 것이 분명한 경우가 많다. 기호나 언어의 해석을 통하고도 여전히 남은 의미의 잉여나, 기존의 (이분법적) 체제에 포섭되지 않는 특이한 존재자들을 가리키는 경우가 있다.[4] 물론 여기에서도 이 세 가지의 구분이 무의미해지는 지점이 존재한다. 잉여적 삶이란 경제적 잉여의 조건과 무관하지 않으며, 이는 또한 정치적 혹은 관념적 표상이나 목소리의 결핍과도 관련이 있다고 할 수 있으니, 차라리 잉여는 단순히 한 영역에서만 솟아 오르기보다는 다른 영역과의 관계 속에서 발생한다고 말할 수 있겠다.

국내에서의 잉여에 대한 연구는 이와는 현저하게 구분되는데 주로 최근의 연구로만 보자면 기본적으로 청춘에 대한 연구, 혹은 청년 세대론의 연장선상에 있다. 다시 말하면, 잉여 연구 자체가 세대론과 청년 문화론을 중심으로 이루어져왔다고 할 수 있겠다. 2000년대 중후반부터 축적된 잉여에 대한 연구는 생각보다 많다. 대표적인 것으로는 우석훈·박권일의 『88만원 세대』를 꼽을 수 있겠다. 뒤를 이어 "위기의 지구화 시대 청(소)년이 사는 법"이라는 부제를 단 백소영 외 여러 젊은 연구자들의 『잉여의 시선으로 본 공공성의 인문학』과 엄기호의 『이것은 왜 청춘이 아니란 말인가』가 있으며, "잉여력과 로우테크로 구상하는 미디어 운동"이라는 부제가 붙은 임태훈의 『우애의 미디올로지』와 "디시, 잉여 그리고 사이버스페이스의 인류학"이라

---

4) 예를 들면, 데리다의 '대리보충'(supplement), 들뢰즈의 '시뮬라크르', 지젝의 '잉여 향유'(surplus enjoyment)와 같은 개념들의 용례에서 그러한 잉여적 존재자나 현상에 대한 이론화의 시도를 엿볼 수 있다. 키아리나 코르델라(A. Kiarina Kordela)는 철학적 및 정신분석학적 의미에서의 잉여를 결합하는 논의를 수행한다.

는 부제를 단 이길호의 『우리는 디씨』가 있다. 이 이외에도 많은 수의 인문·사회과학 청춘물들이 잉여의 문제를 다루고 있으며, 최근에 출판된 "청년논객 한윤형의 잉여탐구생활"이라는 쾌활한 부제가붙은 한윤형의 『청춘을 위한 나라는 없다』와 본격적인 잉여 연구서로 "남아도는 인생들을 위한 사회학"이라는 부제를 단 최태섭의 『잉여 사회』를 국내 잉여 연구의 목록에 덧붙일 수 있겠다.

학문적 연구는 아니지만 잉여 현상에 특별한 관심을 가지고 시작된 언론 활동으로는 잉집장이 "잉여의, 잉여의 의한, 잉여를 위한" 목적으로 발행하는 〈월간 잉여〉와 마포 FM의 〈잉여니까 청춘이다〉와 같은 방송/팟캐스트가 있(었)다. 적어도 이러한 언론 활동은 기존의 주류 매체를 통해서는 불가능했을 시도들인데, 이를 통해 잉여들은 자신들의 목소리를 직접 낼 수 있는 기회와 다수의 다른 잉여들과함께 한다는 일종의 공통감이나 연대의식을 가질 수 있었다. 이러한시도들을 살펴보는 데 있어서 중요한 점은 잉여라는 현상이나 주체에 대한 관심이 어째서 학술적 저술이나 미디어를 통한 담론의 확산과 더불어 증폭되었는가 하는 점이다. 달리 말해 어째서 잉여가 이론적 관심을 받게 되고 나아가서는 실천적 의미를 부여받게 되었는가를 묻지 않을 수가 없는 것이다.

2. 잉여 현상은 왜 그리고 어떻게 생겨나게 되었는가?

잉여란 그렇게 특별한 사람들을 가리키는 것이 아니다. 바꿔 말하면, 잉여라는 사람들, 즉 자신을 잉여라 부르며 자신의 행위를 잉여 짓이라 칭하는 사람들은 그리 특별한 사람들이 아니다. 그저 우리 주변에서 흔히 발견되는 사람들이고 별다른 악의없이 부르는 호칭이며 큰 의미없이 지칭하는 행위들이다. 어쩌면 그런 주체들이 실제로 존재한다기 보다는 잉여라는 호칭이나 잉여짓이라는 행위에 대한 지칭이 만연하는 대중적 혹은 문화적 현상만 존재하는 것 아닐까. 그러한 문화적 현상은 주로 인터넷 혹은 소셜네트워크라는 새로운 매체들을 통해 광범위하게 확산되고 재생산되어 왔으며, 이는 현 시대 우리 사회에 고유한 하나의 흥미로운 문화적 특성으로 이해되고 있다.

그렇지만 잉여의 출현은 그리 새로운 일은 아니다. 탈식민지 시기와 초기 근대화의 시기에도 거대 이데올로기 사이의 충돌과 국가에 의한 개발독재 속에서 무기력하거나 무능력할 수밖에 없었던 개인 존재들에게 이미 '잉여인간'이라는 선구적인 명칭이 선사되었다. 근대화와 민주화 이후 현재 유행하는 잉여라는 명칭이 등장하기 이전에도 잉여적인 인간 유형에 대한 여러 호칭이 존재했다. "탈근대 자본주의 사회에서 노동하는 주체들이 겪는 신경증의 대상"(서동진, 2003)인 '백수'에서부터 병적으로 무언가에 집착하며 자기 폐쇄적 생활을 하던 '폐인'들과 사회적으로 아무런 성취를 이루어내지 못한 낙오자인 '루저'들을 우리는 이미 알고 있다. 폐인들은 또한 다양한 종류의 팬덤이나 마니아로 자신들의 정체성을 획득하면서 이전의 세대들과 구분되는 문화적 감수성을 보여주었다. 이들은 나아가 일본의 하위문화에서 유래한 '오타쿠'(우리 식으로는 오덕 혹은 덕후)라는 이름으로 새로이 태어나게 되었다. 잉여라는 명칭은 이러한 이전 세대의 문화 현상을 계승하거나 포괄한다고 볼 수 있다. 잉여는 지금 우리가 우리 자신을 칭하는 하나의 이름이지만 그것은 지금까지 이러저러했던 다양한 종류의 주체들을 경유하면서 가장 특색있는 방식으로 그들을 전유해내고 있다.

잉여에 대해 보다 깊이 이해하기 위해서 우리는 잉여라는 현상 혹은 주체들을 두 가지 측면에서 구분해서 볼 필요가 있다. 실제로 각종 언론이나 일반인들이 '잉여'라고 부를 때에는 이 두 가지가 혼재되어 있다. 한편으로 '(정치) 경제적 잉여'가 있다. 이것은 그들이 처한 경제적 상황의 주변성을 강조하는 경우인데 주로 88만원 세대라든지 알바, 워킹푸어, 비정규직, 실업 혹은 미취업과 같은 경제적인 면에서 소외된 젊은 세대를 가리킨다. 이는 잉여 자신의 의지와는 상관없이 비자발적으로 규정된다. 다른 한편으로 그들의 삶의 방식 혹은 스타일을 강조할 경우 '문화적 잉여'가 된다. 이 범주에는 (주로 일본) 하위문화의 영향을 받은 아니메, 만화, 디지털 게임의 오타쿠나 히키코모리 뿐만 아니라 디씨, 오유, 일베, MLB파크, 클리앙, SLR클럽, 뽐뿌, 82쿡, 베스티즈, 대피소 등 헤아릴 수 없이 많은 온라인 커뮤니티, 게시판 혹은 카페를 통해 매일매일의 잉여짓에 길들여진 평범한 인터넷 사용자들이 포함될 것이다. 또한 이들의 잉여짓에는 게시물 작성, 댓글달기, 눈팅 뿐만 아니라 성지순례와 같은 이질적인 그러나 습관적인 혹은 온라인상의 관습적인 활동들이 포함될 것이다. 문화적 잉여는 대다수의 경우 스스로 원해서 자발적으로 그렇게 규정한다는 점에서 경제적 잉여와 구분될 수 있다.

잉여의 이 두 가지 측면은 또한 우리가 잉여라는 특정한 주체를 볼 것인지 아니면 잉여짓이라는 어떤 삶의 방식 혹은 문화적 특질을 볼 것인지 하는 두 가지의 관점을 대표한다고 볼 수 있다. 이 두 가지 관점 사이에는 어느 정도 불균질함이 발견된다. 잉여들이 분명 존재하며 그들의 경험이 공유될 수 있지만 실제로 잉여 인간, 잉여인 사람들을 찾는 것은 보통 일이 아니다. 어떻게 보면 잉여 아닌 사람이 없고, 또 달리 보면 잉여란 실재하는 존재가 아니다. 자칭 잉여는 무수히 존재하지만 누군가를 잉여적인 존재로 규정하기란 일종의 모독처럼 여겨질 가능성이 높다. 예를 들면 2012년 여름 내가 일련의 인터뷰를 통해 관찰한 자-타칭 20여 명의 잉여들 중 나의 기준에서 경제적으로 상당한 어려움을 겪고 있는 경제적 잉여의 경우는 다섯 손가락 안에 꼽을 정도였다. 물론 그 경제적 어려움을 겪고 있는 잉여들은 스스로 자신이 직업을 구하지 못하거나 불안정한 노동을 하고 있을 뿐만 아니라 부모 혹은 가족의 축적된 재산이 많지 않은 경우다. 나머지 대부분의 잉여들은 어렵지만 주위(즉 부모)의 경제적 도움과 후원을 받을 수 (혹은 받고) 있거나 현재 직업을 가지고 있지 않더라도 크게 생활에 어려움을 느낄 만큼 불안정하지는 않았다. 달리 말하면 스스로 잉여라고 칭하는 이들은 경제적 잉여라기보다는 대부분 문화적 잉여들이라고 볼 수 있을 것이다. 그럼에도 불구하고 이 두 가지 측면의 잉여를 완전히 분리하여 생각할 수 있는 것은 아니다. 잉여인간은 잉여짓을 할 수 밖에 없는 주체이며 잉여짓은 잉여인간이 즐겨하는 행위이다. 중요한 것은 이 두 가지 잉여가 어떻게 겹치면서 우리 사회의 물질적-문화적 단면을 보여주고 있는가 하는 것이다.

3. 청춘의 테크놀로지

잉여는 여러 가지 의미에서 뉴미디어 혹은 정보소통기술이 만연한 후기 자본주의 사회의 산물이다. 하지만 이와 동시에 우리가 일상적으로 누리는 새로운 미디어 기술 환경은 다름 아닌 잉여짓을 위한 도구이면서 잉여들이 일구어낸 어떤 복합적인 구축물이다. 잉여가 뉴미디어의 산물이기도 하지만 잉여 없이 뉴미디어도 없었을 것이다. 잉여들은 한 가지에 푹 빠져있는 마니아이면서 전문가적 지식을 소유한 덕후이기도 하고 미디어를 통해 흘러다니는 온갖 쓰잘데기 없는 것들의 열렬한 소비자이기도 하다. 즉 생산-소비자(prosumer)이면서 생산-사용자(produser)이기도 하다. 이들의 지식은 정보기술과 네트워크를 통해 생산, 공유, 순환, 확산, 소비된다. 잉여들에게 있어서 새로운 미디어는 커뮤니케이션의 주요 도구를 넘어서 그들의 삶의 조건이다. 디지털 미디어가 아니었다면 그들이 가지고 놀 수 있는 것이나 그들이 시간을 때울 수 있는 것은 텔레비전 시청이라는 미디어 소비에 머물렀을 것이다. 뉴미디어는 잉여들이 다양한 방식으로 잉여짓을 수행하고 그 결과물을 서로 공유하며 이를 통해 각자의 위치와 태도를 재확인하고 재생산해내는 일련의 잉여적 행동방식을 규정해왔다. 잉여 인간이 디지털 시대의 프롤레타리아라면 새로운 미디어 테크놀로지는 이들의 잉여적 시간과 파편화된 시간을 조직하기 위한 다양한 도구로 작용한다(김상민, 2012).

뉴미디어의 보편화는 잉여가 발생한 가장 중요한 조건들 중 하나다. 2000년대 후반 비로소 한국 사회에서 잉여가 출현하게 된 조건으로 우리는 몇 가지 역사적 사실들을 기술할 수 있을 것이다. 한국 사회가 네트워크화된 이동성을 갖추게 된 배경으로 문민정부-국민의 정부-참여정부를 가로지르며 정부에 의해 주도된 1995년부터 2005년까지의 국가 정보화 기반구축 사업(이광석, 2008)을 들 수도 있고, 오히려 한국 사회 정보화의 실질적 기폭제를 1997년의 IMF 금융위기의 상황(조한혜정, 2007)으로 볼 수도 있다. 아마도 두 가지의 결합이 잉여 출현의 경제적-기술적 조건을 마련했을 것이다. 1997년 이전부터 국가가 이미 이동통신이나 인터넷 산업에 대한 규제를 완화하고 무수한 벤처 기업에 투자하고 초고속 인터넷을 보급하는 데 주력해왔던 차에 외환위기는 구조조정으로 인한 실업자와 미취업자들을 대량생산하면서 한편으로는 (경제의 영역에서) 그들을 피시방 및 컴퓨터 관련 자영업자와 알바의 세계로 인도하고 다른 한편으로는 (판타지의 영역에서) 스타크래프트나 리니지에 청춘을 불사르는 온라인 게임의 폐인으로 안내했다. 그 덕분인지 한국은 '인터넷 강국'이라는 수식어를 어렵지 않게 붙일 수 있는 나라가 되었다.

국내 인터넷 이용자수는 IMF 직후인 98년 12월에 약 300만 명에서 99년 12월에는 3.5배 증가한 약 1,000만 명이 되었으며, 피시방 수는 98년 3,600개에서 99년 8월에는 12,000개로 폭발적인 증가를 보여주었다(박태훈, 2000). 다른 한편 통계청이 발표하는 실업률 추이를 보면 97년 2.6%에서 98년 7%로 증가하고 청년실업률만 고려하면 97년 5.7%에서 98년 12.2%로 급증한다. 이 데이터가 취업준비생이나 구직 단념자를 포함하지 않은 숫자라고 보면 실제 실업률은 훨씬 높았으리라고 짐작할 수 있다. 당시의 실업률과 인터넷 이용자수의 동시다발적인 급상승으로 우리가 추정할 수 있는 것은 그 둘 사이에 이루어진 일종의 사회적 교환관계다. 이 교환관계의 매개체는 말 그대로 미디어 혹은 뉴미디어다. 이미 90년대 초반부터 '신세대'라는 이름으로 불리우던 (혹은 자칭하던) 청(소)년들은 컴퓨터나 뉴미디어를 자신들 삶에서 매우 중요한 요소로 받아들이고 그것을 문화적 도구로 삼아왔다(하종원 · 백욱인, 1998; 미메시스, 1993). 그리하여 1990년대 이후 뉴미디어/디지털/인터넷 문화가 완전히 대중화된 한국 사회에서 청년 세대는 다양한 정치적 국면을 따라 그들만의 독특한 미디어 문화 행동을 보여왔다(이광석, 2011). 여기에서 인터넷과 개인용 컴퓨터라는 새로운 미디어는 딱히 할 일이 주어지지 않은 잉여들의 놀이터와 장난감으로 나아가 그들이 사회와 관계를 맺는 대안적 방안으로 기능해왔다.

이러한 과정을 거쳐, 2011년 현재 학교를 다니지 않으면서 취업이나 취업훈련을 받지 않는 니트족(NEAT)의 숫자는 신규 대졸자의 34.8%에 이른다는 보고가 있다(남재량, 2011). 이들은 과연 무엇을 하고 어떤 것을 즐기게 되었을까? 그들은 무엇보다 사회에 의해 생산자로 인정되기 보다는 잠재적인, 그것도 아주 강력한 소비자로 인식되었다. 그것이 잉여라는 현상의 단초가 되지 않을까. 말하자면 "잉여적 주체의 등장과 디지털 시대의 도래는 동시 발생적 현상이며, 잉여는 모든 것이 디지털화 되고 네트워크화되는 정보 사회의 무산계급"(김상민, 2012, 30쪽)이라 부를 만하다.

그렇지만 흥미롭게도 잉여는 정보화사회의 무산계급인 동시에 후기 자본주의사회의 새로운 소비 주체이기도 하다. 다소 역설적으로 들리기도 하는 이 현상은 어떻게 설명이 가능할까. 이 잉여 주체들에게는 소유하거나 축적할 자산도 없고 그럴 기회마저 주어지지 않았지만, 그들이 최소한 소비할 수 있을 만큼만 자본의 흔적이 그들을 스치고 지나간다. 달리 말하면, 자본의 거대한 순환 회로 속에서 자본을 소유할 수 없기 때문에 축적할 수 없고 축적할 수 없기 때문에 소비할 수밖에 없는 그런 주체들인 것이다.

새롭게 등장한 새로운 방식의 소비자를 우리는 잉여라고 부르고 있는 것이라면 이 잉여들은 자신의 정체를 어떻게 파악하고 있을까? 새로운 미디어에 의해 대중화된 자본주의에서는 마치 모든 것이 '나'라는 주체를 중심으로 재구성되고 있는 것 같이 느껴진다. 그러나 그 '나'는 cogito ergo sum의 사유함으로써 존재하는 근대적 주체라기보다는 오히려 아이폰, 아이팟, 아이패드의 소문자 '아이(i)'가 지칭하는 자기주도적이며 개인주의(개별)적인 인간형이며 맞춤형 테크놀로지의 사용자로서의 '나'라고 할 수 있다. 그러나 여기에서 '나'라는 주체는 일종의 은폐이자 기만 혹은 가면이다. 그것의 이면에서 테크놀로지와 자본에 의해 호명되는 새로운 주체는 바로 '너', 당신이기 때문이다: "그래 바로 너!" 그러나 이 '너' 또한 진정한 주체라기보다는 소비자 혹은 (생산자나 노동자가 아닌) 참여자로 호명되는 그런 주체다. 커뮤니케이션 테크놀로지가 지배하는 자본주의가 주체로서 '너'를 호명하기 시작한 것은 하나의 새로운 징후였다. 유튜브와 각종 소셜미디어는 '너'를 불러내고 '너'의 온라인 활동과 참여를 통해서만 작동한다. 2006년 「타임」이 올해의 인물로 '너(You)'를 선정한 것은 어쩌면 필연적이었을 것이다.

오타쿠라는 것은 결국 일본어로 '당신' 혹은 '댁'이라는 2인칭 존칭에서 유래했다. 이것은 일종의 대중문화 소비자에 대한 (이데올로기적) 호명이 아닐까. 그런 점에서 새로운 미디어 자본주의가 '너'라는 주체를 부르는 것과 오타쿠를 호출하는 것은 동일한 맥락에서 이해될 수 있는 것이 아닐까. 오로지 당신만이, 당신의 참여만이, 당신의 열정적인 소비만이 이 새로운 문명과 문화를, 기술과 사회를 되살려낼 수 있다는 절박한 외침은 아닐까. 그리하여 뉴미디어, 웹 2.0, 신자유주의의 시대에 당신이 할 수 있는 일은 자동화된 알고리즘이 당신을 인도하여 '스스로'를 당신 자신의 욕망의 대상이 되도록 세상을 디자인하는 일 이외에는 없는 것은 아닌가. 잉여는 우리 스스로를 칭하는 말이지만 그것은 새로운 미디어 자본주의 혹은 커뮤니케이션 자본주의의 호명에 응하는 우리의 대답일 뿐이다. 잉여는 미디어의 정치경제적 지배와 사회적 관리라는 복잡한 권력 관계의 네트워크 속에서 주체 형성의 계기인데 이는 동시에 새로운 자본주의 가치 축적 체제의 부름을 받은 주체로 스스로를 대상화하는 문화적 현상이 아닐까.

4. 뉴미디어와 잉여의 감성

자본주의의 형태 변화와 더불어 우리의 감(수)성의 형성 방식에도 커다란 변화들이 있어왔다. 여기에는 감정노동 문제의 등장이라든지 90년대 말 IMF 외환위기를 통과하면서 겪어온 트라우마라든지 그 10여년 후 전 세계적 금융위기와 결합된 멘토/힐링 문화의 도래 등을 떠올릴 수 있을 것이다. 8~90년대의 진정성이 지배하던 한국 사회의 마음의 레짐은 97년 사회의 총체적 구조조정과 더불어 생존의 문제가 최고의 가치로 전환되는 포스트−진정성의 체제로 진입하게 되었다. 이 진정성이 소멸해버린 97년 체제에서 주체의 자리에는 인간 대신 동물과 속물이 자리하게 되었다. 진정성과 거대서사가 사라지고 모든 것이 동물화하는 포스트모던의 세계에서 오타쿠는 만화나 게임처럼 캐릭터화된 현실인식을 통해 존재론적 안정감을 획득한다(김홍중, 2009; 아즈마 히로키, 2007, 2012). 현실 생존의 불안은 데이터베이스화된 가벼움과 귀여움의 재배열을 통해 극복된다. 그것 이외에 무엇이 더 필요하겠는가.

당연한 말이겠지만 '잉여'는 중산층 청년 계급의 물질적 기반의 (재생산) 위기에 대한 불안과 무기력을 반영한다. 또한 '88만원 세대'는 젊은 20대가 평생 임금으로 88만원을 받게 될 묵시론적 미래에 대한 불안감의 표현이었다(한윤형, 2013). 빠른 속도로 다가오는 가까운 미래에 대한 그들의 불안감, 불안정 노동계급으로 전락할 것이라는 혹은 이미 전락했다는 절망감은 스스로 자신이 발 딛고 있는 현실에 치열해지기 보다는 무언가가 혹은 누군가가 그것을 해결해주기를 따라서 저절로 해결되기를 바라는 마음으로 이어진다. 그들은 소비문화나 주류문화에 대해 저항하거나 그것을 극복할 새로운 대안을 모색하는 대신에 그 안에서 안주하면서도 그것을 혐오하는 이중적인 태도를 보인다. 그들이 자조적으로 스스로를 유희하면서 품고 있는 이 불안감이 결과적으로 각계각층의 멘토의 등장이나 청춘과 힐링이라는 담론의 유행과 밀접한 관련이 있을 것이다.

더 나아가 온라인 커뮤니티 활동이 우리 사회에서 지금처럼 이렇게 활발한 것이나 이렇게 문제적인 것도 젊은 세대들의 불안감, 불안정함에서 그 원인을 찾을 수 있지 않을까. 이들은 자극적이고 순간적인 재미를 추구하면서도 사회적 이슈가 발생하였을 때에는 나와 비슷한 다른 이들이 어떻게 생각하는지 궁금해서 시사토론 게시판에 들어간다. 불안정한 현실의 커뮤니티에서가 아니라 온라인 커뮤니티를 통해서 자신의 정체성을 확인한다(남은주, 2013). 아니 오히려 주체는 온라인 커뮤니티 활동을 통해서 '구성'된다. 내가 누구인가를 확인하기 위해서 커뮤니티 활동을 하는 것이 아니라 내가 결코 다른 사람이 아님을 커뮤니티 활동을 통해 확인하는 과정에서 나를 발견한다.

잉여의 감성이나 문화적 코드 또한 이러한 맥락에서 이해할 수 있을 것이다. 가장 돋보이는 코드는 유머, 재미, 혹은 패러디, 냉소다. 유머를 통한 유희의 코드는 오로지 냉소를 통해서만 발현된다. 유머를 유머 자체로 받아들일 수가 없기 때문이다. 사실 '잉여'라는 자기 호칭은 웃자고 하는 말이지만 자신과 현실에 대한 냉소를 통해서만 받아들여질 수 있다. 이러한 냉소적 태도에 대해 청년세대는 '병맛'이라는 이름을 선사했다(김수환, 2011; 위준영, 2013). 냉엄한 현실 속에서 스스로를 패배자(루저), 곧 잉여적 존재로 인식하는 자기비하적 경향이 그런 방식으로 드러난다. 그러나 거기서 그치지 않는다. 그 자기 비하의 논리를 넘어서는 일종의 '유희코드'가 있으며, 서로서로 잉여라고 칭하는 현상 속에는 또한 일종의 연대의식도 드러난다. 엄숙주의를 벗어난 병맛 유희는 인터넷 사용자/참여자를 네트워크라는 공공의 장소로 이끌어내는 촉발제로 작용한다. 이것은 마치 잉여 문화를 통해 정보의 소비자들이 능동적 참여자로 재탄생하는 것 같은 효과를 발생시킨다. 그러나 앞서도 말했듯이 잉여란 새로운 형태의 자본주의 가치 축적 체제의 부름을 받은 주체가 아닌가. 스스로 통제할 수 있는 도구인 인터넷과 뉴미디어를 적극적으로 사용하고 그것에 참여함으로써 잉여는 바로 그러한 생산체제의 동력으로 생산자로 거듭나는 것은 아닌가.

정보 혹은 인지 자본주의 사회의 이러한 작동방식에 대해서는 다양한 논의들이 진행되고 있지만, 여기에서는 잉여들의 정보 사용/소비 행태, 즉 잉여짓이라는 '문화적 잉여'의 측면에 주목하도록 하겠다. 잉여짓이나 잉여들의 소통방식에서 한 가지 눈에 띄는 특징은 짧은 문장과 이미지의 결합이다. 흔히 긴 게시판 글에서는 3문장 요약이나 짤방 이미지의 첨부가 일반적인 룰이다. 잉여 생산자에게도 잉여 소비자에게도 아주 많은 시간을 공들일 수 있는 여유가 없다. 물론 잉여는 일반인이 생각하는 것보다 아주 많은 시간을 헛된 (혹은 헛되게 보이는) 일에 소모하기는 한다. 짤막짤막 주어진 단락된 짧은 시간을 이용하여 소비 혹은 생산하는 것이기 때문에 한눈에 주목을 끌지 못하면 그 포스팅은 실패가 된다. 그리고 한번에 읽어 쉽게 이해되지 못해도 남의 주목을 끌기 어려운 포스팅이 되어 또한 실패한다. 따라서 누군가가 짬을 내어 읽게 될 짧은 시간 이내에 그의 주목을 끌어내는 것이 가장 큰 목표가 되어버린다. 내용보다 효용성과 효율성이 문제가 된다. 즉 소통의 방식 자체가 그들의 단락적인 잉여시간 사용의 제한에 의해 독특한 방식으로 변형되어 굳어져버리게 되었다.

낚시는 또 어떤가. 동일한 맥락에서 이해할 수 있을 것이다. 포털의 뉴스와 신문사 웹사이트 상의 뉴스가 넘쳐나지만 사람들은 남는 시간, 잉여의 짜투리 시간을 이용해서 뭔가 일이 아닌 것, 노동이 아닌 것을 하고 싶어한다. 일로부터 벗어나고 싶어 한다. 그래서 주로 연예나 가십기사를 손쉽게 클릭하게 된다. 스스로 약간의 자유를 제공하면서 그런 쓸데없는 정보의 흐름에 스스로를 맡겨버린다. 낚시는 바로 그 지점에서 생명력을 얻는다. 사람들이 웹서핑이나 포털 사이트, 유머 사이트, 커뮤니티 등을 찾아다니며 시간을 소비하는 (잉여짓하는) 이유는 어떤 (유용한) 정보를 찾기 위해서라기보다는 어떤 정보의 흐름에 스스로를 일정시간 맡기기 (노출시키기) 위함이다. 그 정보들의 내용을 받아들일 필요가 있어서라는 것은 일종의 방어적 습관적 답변이며 실제로는 그것을 섭취해야 한다는 혹은 그것에 자신이 노출되어야만 한다는 강박일 뿐이다. 예를 들면 필요한 것 (상품)이 없는데도 습관적으로 혹은 강박적으로 쇼핑몰 웹사이트를 지속적으로 훑어보고 있는 것은 그 상품들이 필요해서가 아니라 (필요가치), 그 상품들이 필요해지게 되는 상황, 그 상품들을 가지고 싶다고 욕망하게 만드는 상황이 필요해서다. 즉 그 욕구/욕망이 발생할 수 있는 환경에 처하도록 (노출되도록) 스스로를 강제하는 것이다. 우리 잉여들은 스스로 낚시에 떡밥을 매단다.

온라인 세상에는 언제나 어떤 떡밥이 던져지기 마련이다. 현실의 어떤 사건이 많은 이들의 관심거리가 되는, 특히 온라인을 통해 네티즌들의 관심을 얻는 일들이 생기는데, 그것을 "떡밥이 던져졌다"

라고 하고 그것에 관심을 가지는 사용자들은 "떡밥을 물었다"라고 한다. 이 떡밥은 온라인 잉여활동을 지속하는데 대단히 중요한 요소이다. 떡밥은 일종의 자동차 연료와 같아서 혹은 사용자들이 섭취해야할 양식과 같아서 수시로 던져지지 않거나 물어 먹지 않으면 삶의 활기가 덜해진다. 동료나 친구들과 혹은 모르는 이들과 대화하는 데 있어서 이 떡밥과 관련된 이슈를 알지 못하면 소외되기 십상이다. 잉여들은 자기 정체성을 확인하기 위해서가 아니라 떡밥의 지속적인 보충을 위해 온라인 커뮤니티에 집착한다.

애초에는 이 떡밥이라는 것이 네티즌들의 관심을 끌고 이슈를 만들어 내면서 때에 따라서는 특정 사안에 대해 전 국민의 경각심을 불러일으킨다든지 전 국민의 지적 호기심을 충족시킨다든지 하는 일들이 벌어졌다.[5] 떡밥이라는 것이 그렇듯이, 이것이 한 무더기 낚시터에 던져지면 물고기떼가 오로지 그것에만 몰려드는 일이 생긴다. 너나없이 크고 작은 떡밥 부스러기 한조각이라도 얻어먹기 위해 떡밥의 현장으로 달려든다. 그리하여 떡밥의 현장은 너도 나도 한마디를 덧붙이면서 공공장소(의견)의 아수라장이 된다. 이 공공장소의 아수라장은 포털사이트 뉴스페이지의 댓글창일 수도 있고 커뮤니티의 게시판일 수도 있고 개인 블로그일 수도 있고 그 모든 것일 가능성이 높다. 떡밥은 언제나 이미 주어진다. 그것은 일종의 선물이다. 우연의 산물이다. 하나의 사건이다. 그러나 주어지는 것만으로 떡밥이 되는 것은 아니다. 떡밥을 투척하는 이들이 있고 떡밥을 원하는 이들이

---

5) 이런 일들은 대체로 포털사이트의 실시간 검색어 순위나 인기 검색어 목록을 통해서 이루어진다.

있다. 떡밥이 주어지지 않는다고 해서 떡밥이 사라지는 것은 아니다. 떡밥을 원하는 이들이 계속 있는 한 떡밥은 영원히 존재할 것이다.

지금의 뉴미디어 문화에서 떡밥은 어떤 역할을 하는 것일까? 떡밥은 사람들에게 이야기할 '거리'를 제공한다. 그런데 사용자들의 입장에서 보면 떡밥은 제공된다기 보다는 발굴되고 떡밥의 덩어리는 그것에 몰리는 사용자의 숫자에 비례해서 커진다. 즉 애초에 떡밥의 크기가 정해져서 던져지는 것이 아니라 그것이 얼마나 사용자들에게 떡밥으로서의 역할을 행사하는가에 따라 떡밥의 크기와 영향력이 결정된다. 즉 떡밥으로서의 역할은 사용자들이 얼마나 그 떡밥의 단초에 반응하는가에 따라 결정된다. 떡밥이 애초부터 떡밥인 것은 아닌 셈이다. 떡밥을 누군가 떠먹여주는 것도 아니며 떡밥은 그것을 받아먹는 이들의 반응에서 스스로 생겨난다.

앞서 보았던 "미디어를 통한 정보에 대한 자발적 노출이라는 충동"의 관점에서 보자면, 떡밥은 미디어/언론이 (주로 포털이나 자사 웹사이트를 통해) 낚시를 위해 던지는 미끼로 작용할 뿐만 아니라 인터넷 이용자들이 스스로 그것에 노출되기를 바라는, 그것에 물리기를 충동하는 미끼(먹이)로도 작용한다. 초기 인터넷문화에서는 (아마 지금도) 대부분의 이용자들은 정보 취득을 인터넷 접속의 가장 기본적인 목적으로 들었다. 그러나 정보의 취득이라는 목적은 뒤집어 보면 정보에 대한 자발적 노출이라는 것과 다를 바 없다. 비록 특정한 정보 취득이라는 목적의 인터넷 활동이 달성된다 하더라도 인터넷을 통한 지속적인 자기 노출이 발생한다. 그것은 '자발적인 수동성'이라고 부를 만하다. 인터넷 특히나 웹 2.0 혹은 상호작용성

(interactivity)과 참여성(participation)을 강조하는 뉴미디어 환경에서 이는 뭔가 모순되는 활동 방식이다. 사람들은 미끼에 물리고 싶어 하기 때문이다. 떡밥을 물고 싶어 한다. 그것은 기꺼이 떡밥을 문다는 점에서 자발적인 참여의 형식을 띠기는 하지만 결과적으로 어쩔 수 없이 낚시에 걸린다는 점에서 필시 수동적이다.

이것은 마치 라디오나 TV와 같이 일방적으로 흘러가는 정보에 자신을 내맡기는 태도와 유사하다. 하지만 이것이 구미디어 수용자와 차이가 있다면 뉴미디어 사용자는 떡밥을 던지는 쪽이나 떡밥을 무는 쪽이나 그것을 일종의 상호작용성 혹은 참여라는 방식으로 이해한다는 점이다. 정보의 전달 방식이 구미디어처럼 일방적 혹은 일방향적이지 않다는 점에서 새롭다고 말할 수는 있지만, 여전히 미디어는 그 모든 것을 가능하게 하는 커다란 기계다. 그렇다면 왜 잉여 뉴미디어 사용자들은 기꺼이 떡밥을 물어 낚시에 걸리는 것을 즐기는 가? 그들은 그것이 낚시라는 것을 알고 있기는 한가?

5. 뉴미디어-충동-잉여(미학)

최근 발행된 한 온라인 광고/마케팅 보고서에 따르면, 7가지 독특한 스마트폰 사용의 행태 (미타임, 소셜, 쇼핑, 성취감, 준비, 발견, 자기표현) 중에서 미타임(Me Time), 즉 자기 자신에게 충실하거나 시간을 보내기 위해 안정이나 휴식 혹은 오락(entertainment)을 추구하는 행위가 전체 모바일 이용 시간의 46%를 차지한다(BBDO-

AOL, 2012). 이렇게 자신의 재미를 위해 소비하는 시간의 비중이 큰 이유는 다른 종류의 행위들도 (예를 들면 온라인 쇼핑몰에서 지름신의 뽐뿌를 받는 것도) 미타임에 포함되기 때문이다. 이 숫자는 모바일 이용자에 한정된 것이기는 하지만, 업무를 위한 경우를 제외하고 전체 인터넷 사용 시간에 적용하는 것도 무리는 없을 것이다. 앞서 보았던 낚시와 떡밥의 메커니즘 속에서 보이는 인터넷 사용자들의 행위 또한 미타임을 위해 하는 행위들과 다름없어 보인다. 그러나 이러한 미타임이 자기 자신만을 위한 여유로운 잉여의 시간이라고 볼 수 있을까? 그것은 일종의 착각이 아닐까?

잉여로 충만한 인터넷 상에서의 시간들은 충동으로 구축될 뿐이다. 라캉과 지젝의 정신분석학적 이론에 기반한 조디 딘(Jodi Dean)의 『블로그론』(2010)에 따르면, "인터넷의 실재(the Real)는 … 상징 효능(symbolic efficiency)의 상실로 귀결되는 충동(drive)의 순환적인 운동"(p.121)이다. 즉 인터넷 활동을 지속시키는 원동력은 다름 아닌 충동인데, 이 충동은 어떤 충족시켜야할 욕망(의 대상)에 의해 촉발되는 것이 아니다. 순환시켜야 한다는 그 자체적인 충동이 인터넷을 구성한다는 것이다. 따라서 이 순환은 무한 반복되는 하나의 루프(loop)다. 이 루프는 하나의 전기회로처럼 완결된 구조를 의미할 수도 있고 어떤 올가미 혹은 고리처럼 옭아매는 도구를 상징할 수도 있다. 딘에 의하면, 인터넷을 통해 이미지를 업로드하고 메시지를 보내고 블로그에 글을 쓰고 소셜네트워킹에 자신의 생각과 기분을 드러내는 이 모든 활동들은 이 충동의 순환적인 운동일 따름이다. 주체가 주체로서 기능하는 준거라고 할 수 있는 상징 효능이 몰락하면서,

주체는 어떤 목적을 수행하기 위해 이런 활동을 한다기 보다는 충동과 같은 주체도 이해할 수 없는 강박에 의해 혹은 그 강박적 충동에 동반되는 향유(enjoyment)를 위해 반복적인 인터넷 활동을 하고 있다고 설명할 수 있다. 이 충동이 이루는 무한 루프는 1) 의미(화) 혹은 상징 효능의 몰락과 더불어 2) 주체의 소멸이라는 (결국은 하나인) 두 가지 동시적인 과정을 내포하고 있다. 따라서 '커뮤니케이션 자본주의'가 요구하는 것은 주체의 참여가 아니라 (주체−대상 없는) 충동의 지속이다.

따라서 이와 같은 인터넷 활동의 주체들과 그 활동 자체를 '잉여적'이라고 부를 만하다. 잉여적 주체는 반복되는 루프에 포획되어 (captured) 목적의 달성이나 의미화의 "실패를 향유한다"(p.121). 계속해서 클릭을 하게 만드는, 끊임없이 반복되는 페이스북 앱 게임들 (팜빌, 마피아 등)에 중독되는 그 과정, 그것들의 무의미함을 알면서도 어쩔 수 없이 지속하고 있는 자신에 대한 반성과 자책, 예정된 실패. 이는 잉여들이 일상적으로 겪는 고통의 쾌락 혹은 쾌락의 고통이다. 또한 이 잉여적 주체는 "수동성에 포획되어 있다"(p.122). 주체가 인터넷을 통해 어떤 능동적인 활동을 하건 그 모든 활동은 즉각 수동적인 활동으로 환원되고 만다. 주체는 댓글, 블로깅, 텍스팅, 상품 리뷰, 리트윗, 좋아요(Like) 버튼의 클릭 등을 통해 자신의 생각, 의견, 창의력, 재능을 생산하고 표현하고 공유하며 소통하고 있다고 여기지만 그 모든 행위는 커뮤니케이션 자본주의의 순환에 기여한다. 이 시스템에서 사용자는 (흔히 참여자 혹은 소비자 나아가 플레이어인) 우리가 아니라 소통 자본이다. 구글, 아마존, 페이스북이 사용자들의 모든 인터넷 활동에 관한 정보를 수집, 분석, 사용하고 그것을 통해 이전에 없었던 새로운 가치를 발생해 축적하는 현재 형태의 뉴미디어 작동방식과 더불어 잉여적 주체들의 능동적 참여는 이 소통 자본주의의 무한 루프 속에서 수동성에 포획되는 결과를 낳는다.

잉여 미학이라고 해서 잉여(들)의 미적인 활동이나 예술적 감각에 대해 연구하려고 한다면 그것은 어떤 피상적인 현상만을 보여줄 수 있을 뿐일 것이다. 물론 그것이 가진 고유한 의미가 있겠지만 잉여라는 현상이 가진 전체적인 배경을 지워버릴 위험이 있다. 우리가 잉여 '미학'에 관심을 가진다면 그것은 잉여라는 현상, 잉여라는 주체, 잉여라는 삶의 방식이 어떠한 총체적인 사회적 관계 속에서 우리를 변화시키고 우리의 행위를 촉발하고 우리를 움직이는지에 관심을 가진다는 것을 의미한다. 우리는 잉여라는 것이 특별한 소수의 사람들이나 그들의 극단적 행위를 지칭하는 것이 아니라는 것을 알고 있다. '잉여'가 가까운 과거와 현재 그리고 가까운 미래의 한국 사회/문화의 뚜렷한 징후를 보여준다는 점에 있어서 차라리 우리는 전 국민의 잉여화가 진행되고 있다고 말하는 편이 나을지도 모르겠다.

미디어 혹은 커뮤니케이션 미디어와 자본주의적 생산방식의 관계는 오래 전부터 비판적 문화연구의 논의 대상이었다. 벤야민의 기술복제, 아도르노와 호르크하이머의 문화산업, 맥루한의 미디어/메시지, 드보르의 스펙터클의 사회를 거쳐, 오늘날에는 인지 자본주의의 논의로 이어지고 있다. 이 인지 자본주의에서는 사용자들의 인지능력과 커뮤니케이션 활동 자체가 자본주의적 생산방식의 동력이 되어 잉여 가치를 생산하는 단계에 도달하게 되었다(Moulier Boutang,

2012; 조정환, 2011). 이러한 관점에서 최근 대중적인 미디어 연구자로 등장한 클레이 셔키(Clay Shirky, 2010)의 주장처럼 협업, 공유, 협력을 통한 인지 잉여(cognitive surplus)의 창조적 재사용은 우리의 공동체에 기여하는 그 나름의 장점을 가지고 있음에도, 굳이 인지 자본주의의 이면 즉 그것의 가치축적 체제에 대해 눈감고 있다는 점에서 본질적인 한계점을 가지고 있다.

인지 자본주의는 결국 인지적 잉여, 그 중에서도 네트워크 혹은 새로운 미디어를 통한 사용자의 활동 정보라는 잉여에 의존한다는 점에서 '잉여 자본주의'라 부를 수 있지 않을까. 잉여 자본주의 체제의 정체를 확인하고 그 안에서 잉여들의 삶에 대한 보다 깊은 이해를 얻기 위해서는, 거시적인 관점으로 사회를 이해하는 정치경제학, 미시적인 주체들의 행동을 관찰하는 인류학, 나아가 그들 사이의 접점에서 새로운 미디어의 작동방식으로 연구하는 뉴미디어론의 동시적인 작업이 요청되는 것이다.

2장

정보사회의 비판적 성찰을 위한 해킹 문화연구

조동원

1. 정보사회의 비판적 성찰의 계기들

의식주와 함께 오늘날 우리의 사회적 삶과 문화에서 뗄 수 없는 필수 도구이자 환경으로 컴퓨터와 인터넷을 꼽는 데 큰 이견이 없을 것이다. 우리 생활 구석구석까지 컴퓨터와 인터넷이 편재하면서 그로 인한 사회문화적 변화가 위로부터만이 아니라 사방팔방에서 너무나 빠르고 다채롭게 이루어지고 있다. 20세기 중반 이후 지배적 정보의 디지털 처리·전송 기계이자 뉴미디어인 컴퓨터와 인터넷은 가정 단위(가전)를 거쳐 개인 단위(개전)에서 의미생산 및 커뮤니케이션의 현대적 기술로 자리잡았다. 이제 컴퓨터와 인터넷은 전 사회의 물질적이고 정신적인 생산·재생산 과정에 깊숙이 결부되어 있다.

일상 생활 자체가 그러한 기술적 체계에 전적으로 의존하고 있기 때문에 오늘날의 정보문화는 우리에게 흡사 자연환경처럼 '자연'스럽다. 물론 도시의 생활 세계에 국한된 이야기이기는 하지만, 대다수의 인구가 농어촌보다는 도시에 터잡아 살고 있기 때문에 도시의 기술적 의사(擬似) 자연환경은 오늘날의 지배적인 삶의 방식이 아닐 수 없다. 밥을 먹기 위해 음식을 만들거나 사먹을 때, 교통수단을 이용하고, 친구나 동료나 가족과 대화를 하고, 뉴스를 접하거나 내게 필요한 정보를 찾을 때, 공장이나 사무실 혹은 학교에서 맡은 일을 처리할 때, 영화를 보거나 음악을 들을 때, 이 모든 과정에 컴퓨터가 작동하고 있고 인터넷에 연결되어 무언가 성사된다. 컴퓨터와 인터넷이 거의 모든 일상 생활의 영위를 매개하면서 우리의 편리하고 안락한 도시의 삶이 유지되고 있는 것이다.

바로 그런 조건 하에서 컴퓨터 시스템 상의 사소한 오류만으로도 우리 삶은 일순간에 마비되고 사회적 재난이 발생할 수 있다. 보건 · 의료 시스템, 전력망, 항공 · 철도 · 지하철 · 버스의 교통망, 방송 · 통신의 정보망과 같은 사회의 기반을 이루고 있는 기술 시스템이 우리가 흔히 사용하는 개인용컴퓨터와 연결되어 있어 첨단장비가 아니라 개인용컴퓨터를 이용한 해킹(무단 침입과 시스템 파괴, 악성코드 유포 등)을 통해서도 엄청난 문제가 발생할 수 있다.[1] 이것이 우리의 사회적 삶의 조건이라면, 기술에 대한 우리의 비판적 의식과 자유 의지가 무색하게 일상 생활과 사회기술적 시스템은 그야말로 기술결정론에 따라 운용되고 있다는 사실을 부인하기 힘들다(Jordan 2009).

일반적으로 컴퓨터 시스템의 장애는 하드웨어 고장, 소프트웨어 결함(버그), 외부의 해킹 및 악성코드 유포 등에 의해 발생한다. 그런데 이런 사고를 정보사회 담론이나 정보통신 정책 연구에서는 흔히

---

1) 단적으로 다음과 같은 언론 보도가 그것을 예시한다. 서울신문, 2011.6.13, 「대한민국 3시간만에 마비된다—통합제어 '스카다 시스템' 해킹 땐… 국가기간시설 암흑으로.」

'부작용'이나 '역기능,' '침해사고'로 분류하고 있다(정국환 외 1996; 강상현 2011 참조). 그런 명칭은 그것이 마치 예외적이고 부수적인 일로 인식하게 만드는 효과를 낸다. 따라서 그런 일이 발생하지 않는 한 우리는 일상 생활에 편재한 컴퓨터와 인터넷이 가져다주는 편리함을 향유하며 아무 문제없다는 듯 그저 '자연'스럽게 받아들이는 데 익숙하다. 하지만 그런 일들이 한두 번 일어나고 다시 발생하지 않는다면 모를까 끊임없이 반복되고 있다면 문제를 좀 달리 봐야하는 게 아닌가?

대체로 기술결정론적 현실은 시스템의 고장을 비롯한 사건·사고가 발생할 때 극적으로 경험할 수 있게 된다. 그런 순간을 계기로 우리는 이 사회가 사소한 이변이 대형 참사로 돌변하는, 나비효과의 복잡계적 사건화에 극히 취약하다는 사실을 깨닫게 된다. 쉬벨부쉬(1999: 169~170; Parikka 2007: 2)에 따르면, 산업화 이전 시기에 사고는 자연 재해와 같이 불가항력적인 외부 인자에 의해 우연히 발생한 것이었다면, 산업 사회의 대형사고는 가공할 힘을 응축한 기계 자체가 위협 요소가 됨에 따라 사회 시스템이 안고 있는 내부 문제로 더 많이 나타난다. 현대 사회에서 상당수의 사고가 바로 그 내부 문제에서 연원한다면, '부작용'이나 '역기능'으로 불리는 정보기술적 사건·사고를 통해서 컴퓨터와 인터넷이 매개하는 현재의 생활 세계와 사회 시스템을 가장 잘 이해할 수 있는 것이 아닐까?

룬데모(Lundemo 2003; Parikka 2007: 3 각주 9에서 재인용)는 미디어 기술에 내재한 통제 불가능성의 위험을 분석하면서 "존재론적으로 비가시적인 디지털 기술은 고장나는 사건이 있을 때만 스스로를 드러내고, 그럼으로써 문화적 관점에서 사고에 특별한 상태를 부여한다"고 본다. 그와 같이 사건·사고의 문화적 의의는 보이지 않고 관심도 없던 것이 가시화되고 관심의 대상으로 떠오른다는 데에 있다. 즉, 정상적인 작동 속에서 우리의 주목을 필요로 하지 않은 채 이루어지던 정보의 흐름이 어느 순간 차단되고 끊기고 애초 설정되지 않은 방식으로 터져 나오는 사건·사고를 통해 우리는 우리 삶과 사회가 의존하고 있는 정보 커뮤니케이션 시스템이 어떤 인위적 과정과 조건 속에서 만들어져 왔는지 불현듯 깨닫게 되는 순간을 맞이하게 된다. 평소에는 잘 드러나지 않은 채 뒷편에서 보이지 않고 들리지 않게 작동하다가 '알 수 없는 오류'의 형태로 갑자기 발생하게 된 사건·사고를 통해서 특정한 시스템의 특정한 설계구조가 만천하에 드러나게 되는 것이다. 근대사회에서 전문가주의와 관료주의에 따라 비가시성을 자기 속성으로 갖게 된 기술은 의도치 않게 특정 기술 시스템의 설계와 디자인을 노출하게 되는 그러한 계기를 맞고, 비로소 그때 우리는 우리가 의존하며 살고 있는 그 기술의 실체를 여실히 파악할 수 있게 된다.

그러나 어떠한 기술 시스템도 예외없이 누군가의 인위적인 디자인을 거쳤고 역사적으로 변화해왔다는 사실은 흔히 잊혀져 있고, 대부분의 경우 우리가 의존하며 살고 있는 기술의 진상은 암흑상자 속에서 잘 드러나지 않고 보이지 않는다. 암흑상자(black box)는 애초 정보제어학(cybernetics)에서 어떤 체계가 그 내적인 작동보다는 외적인 입—출력의 관계로만 파악될 필요성에 따라 제기된 것으로, 특정한 기술이 설계된 대로 기능하고 이용되기 위해 내부의 설계 구조와 작동 원리가 비가시화되는 경향을 말한다. 암흑상자는 기술이 효율적으로 기능하고 대중적으로 수용되기 위해 갖춘 꼴인 셈이다. 이에 대해 라투어는 형성 중인 과학과 기술을 경험함으로써, 즉 "그 상자가 닫히고 암흑이 되기 전의"(Latour 1987: 21) 상태에서 과학을 조사함으로써 판도라의 암흑상자 내부를 조명할 수 있다고 보았다. 그럼으로써 그는 외부에서 암흑의 철옹성과도 같은 과학·기술의 내부로 뚫고 들어가는 연구 방법을 제시한 셈인데, 나는 정보기술 시스템의 사건·사고 역시 예의 그 암흑상자가 열리는 순간이자 지배적 시스템을 비판적으로 뚫고 들어갈 수 있는 방법론적 계기라고 생각한다.

컴퓨터 시스템의 장애나 고장으로 빚어지는 대형사고 중에서 국내에서는 유독 대규모 개인정보 유출로 이어지는 해킹 사고가 끊임없이 발생하고 있다. 최근 몇 년간 대규모 해킹 사고가 줄줄이 터져 나왔는데, 굵직한 사안들만 꼽아보면 현대캐피탈 고객정보 유출, 농협 전산망 마비 사태, 네이트—싸이월드 3천 5백만 개인정보 유출, 한국엡손의 사이트 해킹과 35만 고객정보 유출, 이스트소프트 해킹, 엔씨소프트 리니지 게임 해킹, 삼성카드와 하나에스케이카드사의 고객정보 유출, 방송사 및 금융망 마비 사태, 카드3사 개인정보 유출 대란이 있었다. 내부의 정보유출과 외부에서의 해킹을 통해 대량의 개인정보 유출이 터져 나올 때 위와 같이 크게 사건화되기도 하지만, 소위 '신상 털기'라는 정보문화 현상이 잘 보여주듯이 우리의 일상적인 컴퓨터 및 인터넷 이용 방식 자체에서 개인정보가 과도하게 수집될 뿐만 아니라 불필요하게 노출되고 공개·공유되기 때문에 사건화되기 전에라도 심각한 프라이버시 문제를 내재하고 있다(조동원 2012).

이렇게 해킹은 어느새 우리 일상 생활의 일부가 되었다. 인터넷 대란, 디도스 공격, 전산망 마비, 대규모 개인정보 유출과 같은 해킹은 마치 컴퓨터나 인터넷이 그러한 것처럼 우리의 일상 생활 곳곳에 깊숙히 '침입'해 있고 종종 국가적 차원, 더 나아가 지구적인 규모의 동시다발적 사건·사고의 원인이 된다. 우리가 직접 겪지 않더라도 언론 미디어에 하루가 멀다하고 빠짐없이 등장하는 정보사회의 문제적 현상임에는 틀림없다. 그렇다면 해킹이야말로 일시적인 장애나 외부자의 소행과 같은 시스템의 예외적인 사안이 아니라 시스템 내부의 문제를 드러내주는 핵심 요소라고 할 수 있다. 대량의 개인정보를 유출해내는 기술적 방법으로서 해킹을 유인하고 유발하는 특정한 정보 시스템의 보다 근본적인 설계 구조와 지배적 논리가 존재한다고 볼 수 있기 때문이다(Parikka 2007).[2]

대다수의 인터넷 이용자가 일상적으로 경험하고 있는, 해킹의 일종인 무단복제[3]의 문제에서도 마찬가지다. 2009년에 1,000만 이상의 관객을 동원한 재난영화 〈해운대〉의 윤제균 감독이 어느 정보보호 모임에서, 인재나 자연재해와 함께 자신이 모두 겪은 인터넷 재해가 있는데 그것은 불법 다운로드, 악성 댓글, 해킹이라고 말한 적이 있다(한호현 2009: 10). 이 언급이 단적으로 보여주듯이, 해킹이나 악성 댓글과 함께 늘상 '불법' 복제나 저작권법 위반 논란이 끊임

---

2) 단적인 예로, 에스케이(SK)컴즈의 네이트-싸이월드가 해킹당해 사실상 인터넷을 이용하는 인구 대다수에 해당하는 3,500만 명의 개인정보가 유출되는 사건이 발생했을 때, 정보인권운동 단체들은 주민번호 시스템 자체의 폐기를 주장하였다(진보넷, 2011.8.2, 정부에 주민등록번호 변경을 요구합시다!).

3) 이를 부정적 사안으로 분칠하기 위한 효과적 수사로 불법복제나 해적질(piracy)이라는 용어가 더 널리 쓰인다. 이러한 용어의 선택은 저작권 위반과 비위반의 다양한 형태를 혼동하게 하고 정보 공유와 창작의 관행을 획일화한다.

없이 터져 나오고 있고 수많은 인터넷 이용자가 잠재적 범죄자로 간주되고 있다. 우리는 현행법상 "불법 다운로드"가 성립되지 않기 때문에 정당한 파일 공유를 하는데도 그 용어 자체의 효과로 인해 잠재된 불안과 위협 속에서 온라인 문화를 향유하고 있는 것이다. 그렇다면, 이에 대해서도 "해적질이 무엇이 문제인가?" 이를 어떻게 근절할 것인가가 아니라, 대다수 사람들의 일상적 관행을 불법으로 간주하고 해적질이라고 매도하는 "지적 재산이 무엇이 문제인가?"를 질문할 필요가 있다(Schweidler & Costanza-Chock 2005). 즉, 언론 미디어나 지적 재산권 법제의 옹호자들은 "불법" 복제 "해적질"의 심각성과 폐해를 문제삼고 있지만, 그와 반대로 대다수 이용자의 일상적인 정보문화를 거스르는 '지적 재산'권 시스템을 더 근본적인 문제로 제기할 필요가 있는 것이다. 실제로 무단 복제의 파일 공유는 냅스터나 소리바다 논쟁, 인터넷 '펌' 관행 등을 통해 추상적이고 복잡해 우리 자신의 문제로 인식하기 어려웠던 지적 재산권의 폐해를 대중적 논쟁 거리로 이끌어냈다(Perelman 2004: 10).

또, 컴퓨터 바이러스나 벌레(worm) 프로그램의 경우도 다르지 않다.[4] 갤로웨이(Galloway 2005: 26)에 따르면, 컴퓨터 바이러스나 벌레 프로그램이 종종 파괴적인 결과를 불러오는 것은 근본적으로 획일화된 기술문화 때문이다. 그것의 가장 적절한 예는 마이크로소프트웨어사가 생산하는 사유 소프트웨어(proprietary software)가

---

4) 컴퓨터 바이러스는 다른 실행 프로그램에 기생하여 실행되어 대상 컴퓨터에 대해서만 활동하는 프로그램이라면, 컴퓨터 웜(worm)은 스스로를 복제하며 전송할 수 있는 프로그램으로 네트워크를 손상시키고 대역폭을 잠식한다(위키백과, http://ko.wikipedia.org/wiki/웜).

90%의 소프트웨어 시장을 독점하다시피 하는 한국의 정보사회 현실에서 찾을 수 있다.[5] 만약 그런 획일적인 소프트웨어 환경에서 벗어나 있다면, 악성코드 유포나 분산서비스거부, 전산망 마비 사태와 같은 일은 적어도 '사이버 테러,' '대란,' '재난'의 수사가 불필요했을 것이다(조동원 2009: 206). 그런 현실이라면 컴퓨터 벌레나 바이러스 프로그램의 유포는 오히려 획일적인 기술문화에 반대하거나 그것을 고발하는 의의를 지닌 자연스러운 현상으로 볼 수 있다.

사실 컴퓨터 바이러스 · 벌레 프로그램은 게임 놀이와 실험의 차원에서 처음 나타났다. 애초 이것은 1960년대 미국의 벨연구소, 제록스 팔로알토연구소(PARC), 메사추세츠공과대학(MIT, 이하 엠아이티)과 같은 곳의 컴퓨터 연구자들이 '코어 전쟁'(Core War)이라 이름 붙인 놀이를 위해 만든 것이었다. 코어 전쟁은 각자 만든 자기복제 프로그램을 시스템에 배포해 누가 시스템 자원을 가장 많이 차지하느냐로 승부를 가리는 게임이었다. 지금으로 치면 벌레 프로그램을 만들어 서로의 프로그래밍 실력을 겨룬 것인데, 누가 가장 짧은 자기복제 프로그램을 짜느냐도 중요했다. 프로그래밍하며 게임을 즐긴 이 과정은 탐구, 창조, 혁신의 과정이었다(Galloway 2005: 25; Parikka 2007: 39~51). 그러나 1980년대부터 그 의미가 현격히 달라진다. 이전과 다르게 네트워크 컴퓨팅이 대중화되고 알지 못하는 사람과의 접촉이 폭발적으로 늘어나면서 시스템 접근의 통제

---

5) 단적으로, 2009년의 77분산서비스거부공격에 따른 '사이버 대란'에 관한 한 보고서는 취약한 정부의 보안 하부구조와 함께 "과도한 마이크로소프트 인터넷 익스플로러 편중과 액티브엑스 의존도를 개선해야 보다 근원적인 보안 취약점이 보완될 수 있다는 주장"을 전했다(조동원 2009: 206 각주 86).

나 무단 복제의 차단을 위한 컴퓨터 보안이 대두하였고, 컴퓨터 바이러스 · 벌레 프로그램은 치명적인 위험 요소로 탈바꿈하기 시작했다 (Parikka 2007: 52~53). 그렇다면 이번에도 바이러스나 벌레 프로그램 자체만이 아니라 그 기능과 의미가 달라지는 특정한 기술사회 문화적 맥락은 무엇인가의 문제로 질문을 되돌려야 한다. 즉 누가 작성한 것이냐, 왜 이런 나쁜 짓을 했느냐의 문제만이 아니라, 그런 프로그램을 통해 대규모 마비 사태가 손쉽게 발생할 수 있도록 설계 · 운영되고 있는 기술의 사회적 행위유도성(affordance)[6]에 대한 고찰이 필요한 것이다.

이와 같이 일상화된 무단 복제나 컴퓨터 바이러스를 비롯해 끊임없이 터져 나오는 일련의 해킹 사건 · 사고와 그것을 둘러싼 담론 구조가 웅변해주는 것은, 해커의 실력이 얼마나 위협적으로 향상되고 있는가 그리고 그를 막기 위한 정보보안 산업에 대한 투자에 정부의 지원은 얼마나 잘 (안)되고 있는가가 아니라, 우리가 얼마나 취약한 정보사회의 정보기술에 의존하며 살아가고 있는가 그리고 그 정보기술이 누구에 의해서 어떻게 운용되고 있는가의 시스템 자체의 문제다. 따라서 컴퓨터와 인터넷이 매개하는 일상 생활과 사회 시스템을 괴롭히고 교란하며 훼방놓는 사건 · 사고는 단지 역기능, 부작용, 침해사고로 간주하며 해결하고 없애버려야 할 문제로만 생각할게 아니다. 파리카(Parikka 207: 3)의 말처럼 "컴퓨터 벌레나 바이

---

6) 행위유도성은 동물의 인지 심리학 연구에서 처음 제기되고 사회적 차원에 확대 적용된 개념으로 "대상과의 관계에서 행위 주체의 행동 가능성을 결정하지는 않으면서 그것을 틀잡는 기능적이고 관계적인 측면"(Hutchby 2001: 194)을 뜻한다. 허치비(Hutchby 2001: 195, ch.2)는 행위유도성 개념이 구성주의적 접근(인간 행위자의 기술 형성 능력에 대한 강조)과 결정론적 접근(기술적 인공물의 강제하는 능력에 대한 강조) 사이의 제3의 접근이라고 본다.

러스는 디지털과 네트워크에 기반을 둔 문화에 대한 반테제가 아니라, 그 중심에 있는 것"이므로 애초에 해결해서 없앨 수 있는 성질의 문제가 아니다. 더 나아가, 이런 사건·사고가 시스템의 이면을 폭로하고, 이미 설계된 그 원리를 다시 거슬러 개입하는 역공정(reverse engineering)을 허용하는 순간이므로 그것을 놓치지 않고 그 시스템 작동 원리에 개입할 필요가 있다.

2. 해킹–정보사회문화의 역동

지금까지의 논의에 비추어 우리가 살고 있는 세계가 어떤 원리와 논리로 운용되고 있는지를 극적으로 드러내는 징후로서 해킹의 의의에 주목할 필요가 있다. 해킹은 컴퓨터와 인터넷의 사용이 평상시에는 자연환경처럼 의식되지 않다가 갑자기 그 물질적 실체와 인위적 작동 원리가 문제의 중심으로 돌출되며 가시화되는 사건이자 계기로 이해할 수 있다. 하지만 해킹 사건·사고가 터졌을 때 우리가 의존하는 사회기술적 시스템의 구조와 원리가 있는 그대로 드러나는 것은 아니다. 그러기 위해서는 해킹이 동반하는 특정한 기술정치적 의미화 실천을 거쳐야 한다. 해킹이 암흑상자를 열 수 있는 계기이기는 하지만 그렇게 열려진 내부는 수많은 부품과 요소들이 얽히고설켜 쉽게 이해하기 힘들기 때문이다. 해킹은 지배적 정보기술 시스템의 징후이면서도 그것을 중층적으로 매개하기 때문에 해킹을 어떻게 접근할 것인가의 또 다른 문제가 가로놓여 있다. 따라서 우리가 의존해 살고 있는 사회기술적 시스템을 징후적으로 드러내는 해킹에 대한 기술사회문화적 분석과 해석이 필요하다. 말하자면, 해킹은 애초 설계된 시스템의 구조와 원리에 개입하고 변경시키는 행위이기 때문에 이러한 기술에 대한 혹은 기술을 향한 인간의 행위가 갖는 기술문화적 의미생산 과정이 존재한다. 그것은 무엇보다도 컴퓨터 범죄에서 반체제 운동까지 혹은 정보 시스템 파괴에서부터 정보기술의 혁신적인 발전 양식까지 해킹이 보여주는 양극단의 다양한 사회문화적 양상에서 잘 나타난다. 그에 따라 우리가 해킹에 대해 갖는 평가나 태도도 양가적인데, 말하자면 우리는 해킹에 공포를 느끼면서도 그에 매혹되는 것이다. 요컨대 해킹은 정보사회의 주변이 아니라 중심에서 우리가 의존하는 정보기술의 지배적 설계 구조를 다시 뜯어볼 수 있는 극적인 계기이자 문화적 현상으로 나타난다.

무엇보다도 해킹은 주어진 기술에 대한 이용자의 능동적인 개입 행위다. 이를 통해 기술은 자연스러운 것으로 주어진 게 아니라 인위적으로 만들어진 것임이 드러난다. 해킹이 기술 자체에 개입하는 적극적인 행위라는 점은 기술사회학과 뉴미디어 커뮤니케이션연구에서 제기된 재설정(reconfiguration)이라는 개념으로 이해해볼 수 있다(Bakardjieva 2005; Lievrouw 2011).[7] 유연한 변용을 함축하는

---

7) 커뮤니케이션연구 분야에서 그 전까지 서로 분리된 채로 전개되었던 대인 커뮤니케이션과 매스 커뮤니케이션을 연결시키려는 시도가 1980년대 후반부터 이루어지고 연구자들이 사람들의 미디어 관여 방식을 다시 탐색하고 틀잡으려고 하면서 매개(mediation) 개념이 부상하기 시작했다(Lievrouw 2011: 5). 리브라우(Lievrouw 2009; 2011: 216, 231)에 따르면, 매개는 실제적으로 경험을 구성하는 커뮤니케이션 행동과 커뮤니케이션 기술을 지속적이고 상호적으로 재형성하는 것을 말하는데, 이는 커뮤니케이션 기술과 관련해서 재설정(reconfiguration), 커뮤니케이션 행동과 관련해서 재매개(remediation)라는 상호 규정적인 관계를 갖는 두 가지로 나뉜다. 나는 다른 곳에서 이 두 개념이 정보기술 이용자의 능동적 행위 형태를 개념화하는 데 유용하다고 봤다(조동원 2013: 200~204).

'소프트웨어'라는 말 자체가 단적으로 지시하듯이, 정보기술이 쓰는 사람의 목적과 필요에 따라 다양하게 다시 설정(configuration)될 가능성이 높아 상대적으로 이용자의 능동적 개입에 열려있다고 할 때 (Fleck 1993), 재설정은 사람들이 자신의 필요나 욕구에 따라 그것을 개작하고, 재발명하고, 재조직하고, 재구축하는 지속적인 과정을 말한다(Lievrouw 2011: 216~217). 재설정은 한마디로 용도 변경이라고 할 수 있는데, 기술의 특정한 기능을 주어진 것과 다르게 배치·배열하며 또 다른 이용 방식을 만들어내는 일이기 때문이다(조동원 2013: 203). 그리고, 그럼으로써 해킹은 기계나 기술을 주어진 전제가 아니라 문제적 대상으로 끌어낸다. 즉, 시스템의 문제가 결코 불가항력적인 외부적 원인에 따른 것이 아니라 시스템 내부의 문제라고 할 때, 해킹은 그것이 인위성과 특정성을 갖는 사회문화적 상호작용의 문제라는 점을 드러낸다. 즉, 그것은 거의 자연재해와 같이 간주되는 시스템의 고장(알 수 없는 오류)과 같은 것이 아니라, 인간의 의도와 인위적인 활동을 통해 이루어진 것이고, 해킹은 자동화된 기술과 기계의 문제를 사회적 관계의 문제로 인식할 수 있는 계기를 마련한다. 컴퓨터 바이러스·웜 역시 그 용어가 암시하는 것과는 반대로 특정한 누군가에 의해 작성된 프로그램이기 때문에 컴퓨터 시스템이 갖는 기술적 설정(configuration)의 문제 제기를 동반하는 것이다. 물론 대형사고가 발생할 때마다 관심의 초점은 해킹이 누구의 소행인가의 문제에 맞춰지지만, 보다 더 근본적으로는 해킹된 시스템의 특정한 설계 및 운영 과정의 문제가 동시에 제기되기 마련이다. 그래서 해킹은 의사자연적 사회기술적 시스템의 인위적 구성(혹은,

인간과 비인간 행위자가 네트워크로 결속하고 맺은 동맹)을 해체하는 실마리가 되는 것이다.

그에 이어, 해킹이 어느 하나의 명확한 정의를 갖기 힘들만큼 다양한 종류와 형태로 존재한다는 사실에 주목해보자. 흔히 해킹이라고하면 불법으로 컴퓨터 네트워크에 침입하거나 여하간의 피해를 입히기 위해 바이러스 혹은 악성코드를 유포시키는 부정한 행위를 가리킨다. 앞서 언급했듯이, 사유 소프트웨어의 무단복제 및 유포가 또한해킹을 통해 가능하기 때문에 불법 복제를 해킹이라고 부르기도 한다.[8] 그런데 1960년대 미국 엠아이티에서의 컴퓨터 해킹의 기원과 전통을 따르고 있는 오늘날의 자유 · 오픈소스 소프트웨어(FLOSS, Free Libre Open Source Software) 개발자들은 스스로를 해커라고 부르고, 그런 소프트웨어 개발 과정을 해킹이라고 칭하고 있다. 즉, 해킹은 지배적 언론 미디어의 담론에서 초점을 맞추는 것 말고도 여러 다양한, 합법적이고 창조적인 기술 실천을 가리키는 데 쓰이고 있다(Jordan 2008). 또, 사이버 테러나 사이버 전쟁이 해킹이기도 하지만(Jordan & Taylor 2004), 컴퓨터 네트워크 상에서의 온라인 시위나 검열 · 감시에 대항하는 기술을 개발하는 활동 또한 해킹행동주의(hacktivism)이기도 하다(Jordan 2002; Jordan & Taylor 2004). 즉, 특정한 사람들에게 해킹이 지시하는 함의는 각기 다르고 상반되

---

8) 보통 소프트웨어 역공정을 통해 복제방지 장치(락, 프로텍트 등)를 해제하는 일로서 일정하게 프로그래밍 숙련이 필요한 일이기 때문에 무단 복제는 1980년대 초기부터 해킹의 일종으로 간주되었다. 이는 소프트웨어 복제 방지 장치를 제거하거나 소프트웨어의 소스코드가 공개되지 않아 그 소프트웨어의 구성 원리를 알기 위해 그로부터 컴파일된 기계어인 목적코드에서 역추적하는 과정이다. 이를 크래킹이라고도 하는데, 이를 중심으로 형성된 컴퓨터 지하세계를 '와레즈'(warez)라고 하고, 그렇게 복제방지장치가 풀려진 소프트웨어를 크랙 버전이라고 한다. 이러한 크래킹은 소프트웨어만이 아니라 디지털 형태의 문화 콘텐츠에도 확대 적용되어 성행해 왔다.

기까지 한다.

해킹의 복잡다단한 양상은 곧 그것의 기술정치학을 드러낸다. 해킹의 정치적 특성은 해킹하는 주체가 표방하는 이념의 형태로 그리고 해킹 자체가 갖는 기술적 실천의 형태로 표출되어 왔다. 우선, 역사적으로 해킹의 정치적 이념은 두 가지 축으로 발전했다. 한 축에는 MIT의 해킹 공동체에서 연원하는 정보의 자유와 공유의 정신이 있고, 또 한 축에 1970년대 정치적 프리커로부터 나타나기 시작한 해킹행동주의가 있다. 해킹과 해커의 다양한 변이에도 불구하고, 역사적으로 이들을 묶어주는 윤리이자 정치적 주체화의 핵심은 정보의 자유라고 할 수 있고, 이는 정보기술에 대한 다른 접근과 대안적 이용을 촉진시켜 왔다. 그러나 해킹을 이용한 범죄나 테러가 사회적 문제로 부각되고 주류 미디어의 편향된 재현 덕분에 해킹은 가상 공간에서의 범죄나 테러 행위로 더 널리 받아들여지게 되었다. 해킹을 활용한 범죄의 여타 규정은 현행 법체계 하에서 판단하는 것이지만, 해킹 행위는 그 법체계가 바탕을 두고 있는 정보, 지식, 문화생산물에 대한 인위적 소유 관계와 그 기술적 통제 시스템의 문제를 건드리고 있기 때문에 그 자체로 정치적 속성을 갖고 있다(Kirkpatrick 2004; Söderberg 2008). 정보기술의 하부구조가 경제 활성화를 위해 재인식되고, 컴퓨터, 인터넷, 이들을 위한 소프트웨어가 더 이상 공동 생산과 공유의 산물이 아니라 팔고 사야할 상품으로 변모해 가면서, 그 교환가치를 보존하기 위해 이용자의 자율적 기술 접근과 이용은 통제되어야 했고, 그 첫 번째 대상이 바로 해킹이었던 것이다.

그와 같은 역동 속에서 해킹에 대한 평가 역시 서로 대립되거나 모순된다. 주지하다시피 지배적인 평가는 해킹이 불법이고 범죄라는 것이다. 더 나아가 언론 미디어가 앞장서서 해킹을 범죄나 테러로 재현해왔고, 이를 위해 가택 침입, 성폭행, 방화, 에이즈와 같은 유비가 동원되었다(정광수 2007: 255~256). 반면, 해킹과 해커에 대한 긍정적인 평가는 이들이 컴퓨터 기술 발전의 주역이라는 것이다. 미국의 해킹 역사를 다룬 레비(1996)의 책의 부제가 '컴퓨터혁명의 영웅'인데, 그 영웅의 목록에는 빌 게이츠, 스티브 잡스도 포함된다.[9] 청소년의 장래 희망으로 수십 년간 추앙돼 온 이들이 해커였던 한 때의 이야기가 전설처럼 끊임없이 회자되고 있는 것이다(정지훈 2010). 또, 해커는 컴퓨터의 작동 원리에 통달하여 그들의 지식과 행동이 보통 사람에게 꽤나 신비롭게 보이는 탓에 흔히 컴퓨터 도사나 마법사와 같은 이미지가 만들어지기도 했다(레비 1996: 22; 송재희 외 1995: 107; 홍성태 1999: 142). 이는 영화나 드라마를 통해 많이 재현되는 방식이다.

이와 같이 해킹에 대한 평가는 창조자 대 파괴자의 정반대 이미지, 혹은 야누스의 형상을 띤다. 즉, 똑같이 해커라고 불리고 해킹한다고 하는데, 그 의미 안에 "끊임없는 자기 개발과 연구를 통해 어떤 것을 만들어내는 사람과 만들어낸 것을 부수는 사람"이 동시에 함축되어 있는 것이다(최효식 2005: 168). 그래서 위에서 말한, 우리의 지배적 사회 시스템과 생활 세계를 규제하고 짓누르는 현대 기술에 대한 인간의 개입(재설정)은 창조적인 것이면서 동시에 파괴적인 것일

---

9) 단적으로 「빌 게이츠와 스티브 잡스도 해커 출신… '전문·도덕성 갖춘 해커 집중 양성해야」(김홍선 안철수연구소 대표)라는 부제목을 달고 있는 〈월간조선〉 2011. 6, 「[심층분석] 농협사태로 들여다본 해커들의 세계 '노리면 다 뚫는다'」 참조.

수 있고, 그래서 해킹은 컴퓨터 범죄이면서 첨단기술을 동원한 반체제 운동의 방식이기도 하기 때문에, 바로 그러한 양극단의 구도 속에서 우리는 해킹을 공포의 원인이자 동시에 매혹의 대상으로 받아들이고 있는 것이다. 리부라우(Lievrouw 2011: 117)도 "기술의 하부 구조 자체를 직접 재설정"할 수 있다는 데 해킹의 위력이 있고, "이것이 전산 전문가나 해커가 대중문화의 묘사에서 찬양과 동시에 공포의 대상이 되는 이유"라고 봤다.

요컨대, 해킹은 컴퓨터 범죄로 분류되고 컴퓨터의 '악용' 방식으로 수용되지만, 해킹에 대한 상반된 평가나 해커의 야누스적인 면모는 역사적으로 변천해 온 것이다. 해킹의 개념과 의의가 이렇게 정반대로 달라진 역사적 변천 과정은 컴퓨터와 인터넷의 역사적 의의와 그에 대한 우리의 태도 변화와 무관하게 벌어진 일이 결코 아니다. 오히려 컴퓨터와 인터넷에 의존해 직조되고 있는 오늘의 일상 생활과 사회 시스템의 형성 과정은 이러한 해킹에 대한 사회문화적 의미 변화와 긴밀한 관련 속에서 이루어진 것이다.

이렇게 볼 때, 해킹은 우리에게 무슨 말을 걸고 있는 것이 아닐까? 해킹은 단순한 기술적 사고나 사건이 아니라, 어떤 메시지를 전하고 우리가 응답하는 하나의 커뮤니케이션 행위로서 기술에 대한, 기술을 매개로 한 커뮤니케이션의 일종이라고 볼 수 있다. 기술결정론에서 기술이 사회적 상호작용을 결정한다는 입장을 취할 때, 그 결정 과정은 자동적인 것이 아니라 기술적 담론 실천과 경합 속에서 이루어지는 것이라고 할 수 있다. 그것은 켈티(Kelty 2008: 3)가 제안한 개념인 '재귀적 공중'(recursive publics)을 통해 파악해볼 수 있다. 해킹 공동체, 특히 자유소프트웨어 개발자와 이용자의 공동체와 같은 '재귀적 공중'은 기술에 대한 사회적 상호작용에 관여할 뿐만 아니라 기술을 가지고 그리고 기술을 통해서 그 담론에 관여하는 것이다. 컴 퓨터나 컴퓨터 네트워크를 위한 정보기술의 도입, 수용, 탐구, 변형, 개선 등 일련의 기술적 실천이 또한 특정한 의미생산과 사회적 상호 작용의 중요한 양상이기 때문에 중요한 커뮤니케이션 행위이자 특정 한 담론의 형성 과정인 것이다. 따라서 문화가 점차 새로운 정보기술 을 중심으로 생겨나고 변하는 상황에서 기술결정 과정에 대해 다른 결정의 가능성을 타진하고 실천하는 방식으로서 해킹에 주목할 필요 가 있다.

3. 해킹문화연구를 위하여

요컨대 우리는 오늘날의 사회기술적 시스템에 대한 비판적 성찰의 계기이자 징후로서 해킹에 주목할 수 있고, 이때 해킹이 기술에 대한 인간의 개입과 변형의 행위이자 커뮤니케이션 과정이라는 점 그리고 역사적으로 그 개념이 극에서 극으로 변천해 왔고 그에 대한 우리의 반응이 공포와 매혹이라는 양가성을 갖는다는 점을 이해할 필요가 있다. "테크놀로지는 편재적으로 비가시적으로 되어 가고 있다. 우리 의 현재 상황을 구성하는 사회적·문화적 힘을 우리가 덜 인식할수 록, 테크놀로지가 구현하는 권력과 힘의 관련에 대해서 덜 저항하고 덜 질문하게 된다"(기어 2006: 280)면 기술에 대한 비판적 질문과 저항을 위해서도 해킹은 중요한 매개로 기능할 수 있을 것이다.

이와 같이, 우리는 분명 해킹을 전문적인 기술 사안으로만 여기는 것이 아니라 어떤 정치적이고 문화적인 현상이자 징후로, 사회 시스템에 뿌리 줄기처럼 연결되어 끌어당겨지는 실마리와 같은 것으로 이해할 만하다. 테일러(Taylor 1999: xv)는 "정보혁명의 맥락에서 해커는 단지 다른 사람들의 컴퓨터 시스템을 침입하는 것 이상의 보다 넓은 사회적 중요성을 갖는 사안들을 상징화한다"고 본다. 여기서 정보혁명은 테일러에게 "점차 정보적 관점에서 세계를 바라보는 패러다임 이동"과 "사회 기술적 변화 속도"를 통해 나타난다(Taylor 1999: xiv). 그래서 해커의 중요성은 "그들이 현실에서 빠르게 변화하고 진화하는 정보기술과 우리의 증대하는 상호작용이 낳는 함의에 대한 문화적 관심을 체화하는 방식"(Taylor 1999: xvi)에서 찾을 수 있다. 다시 말해서, 해킹에 대한 서로 다른 입장과 시각들, 이를 둘러싼 혼동과 혼란은 해킹 자체라기보다 그것을 매개로 한 오늘날의 정보사회와 정보기술문화 전체의 불안정한 역동을 드러내는 것이다.

결국, 일상 생활 곳곳에서 우리가 끊임없이 의존하고 있는 컴퓨터와 인터넷이 우리의 삶의 조건을 특정하게 규정짓고 있는 것이라면, 따라서 그와 같은 정보기술이 작동하는 원리와 방식을 그저 전제하고 말 것이 아니라 거슬러 가 문제 삼아야 할 필요가 있다면, 그 정보문화의 얽히고설킨 복합적 실체의 진상을 우리는 해킹을 실마리로 해서 풀어헤쳐 볼 수 있다. 앞서 언급했듯이 기술 탐구에서부터 불법적인 컴퓨터 범죄 혹은 네트워크된 초국적 사회운동까지 해킹이 갖는 풍부한 함의는 해킹에 대한 연구의 매력이자 가치를 드러내주고 있다. 해킹의 풍부한 함의와 맥락을 다채롭고 상호 연관시켜 드러내면서 그 신화를 탈신화화하는 작업을 통해 우리는 컴퓨터와 인터넷이 열어주는, 비물질적 가상세계가 아니라, 물질적 현실세계의 진상과 마주할 수 있게 된다.

3장
사이버스페이스의 인류학과 장소적 행위성

이길호

사이버스페이스는 공간이다. 이 동어반복적 진술은 한편으로 선언에 가깝다. 그것은 사이버스페이스를 공간적 특성 속에 정립시키면서 기존의 관점 일부와 결별한다. 지금의 관점은 사이버스페이스를 일차적으로 사이버스페이스의 물적인 조건의 기반 위에서 이해하려 한다. 또 다른 측면에서 그 공간적 특성은 사람들의 장소화 작용에 결부되는데, 지금의 관점은 공간화와 장소화의 지속되는 중첩 속에서 사이버스페이스에 관한 인류학적 접근의 가능성을 인지한다. 장소로서 사이버스페이스는 또한 사람들의 장소화의 행위며 동시에 그런 장소화 작용은 장소의 구축을 통한 공간의 (재)형성의 문제다. 사이버스페이스의 인류학은 그 구분되는 장소들에서 현실화된 집단 속 사람들의 생각에 직접 접속하는 것이며, 그 내적인 맥락을 가시화하는 것이다.

"사이버스페이스란 무엇인가?" 이 물음은 한때 필요 이상으로 많이 제기됐고 지금은 오히려 별로 그럴듯한 질문의 형태는 아닌 것 같다. 사람들은 어느 순간 담론의 영역에서만 존재하던 사이버스페이스의 실재를 믿기 시작했고 그것의 일상적 경험을 말하는 데 별로 어색함을 느끼지 않는다. 역설적으로 그 과정에서 '사이버스페이스'라는 말 자체는 점차 언술 속에서 사라져 갔는데, 한편으로 사람들은 이제 그것과 관련된 무언가를 이야기할 때 '사이버스페이스'라는 용어를 사용해 지시하는 것을 어색해 하는 것 같다. 예를 들어 사람들에겐 '인터넷'이라는 좀 더 기술적이고 가치중립적인 듯 보이는 공식적이고 대중적인 용어가 존재하고, 어떤 면에서 별로 엄밀한 용법이 아님에도 '사회적 네트워크(서비스)'라는 말을 더 즐겨 쓴다. 정보과학 영역과 미디어 분석 영역에서 각각의 용어는 특화된 전문 연구 대상을 지칭하는 말로 거의 확고하게 자리 잡았다. 당연하게도 용어가 상정하는 정의는 대상을 나름의 방식으로 (재)규정하고 무엇보다 대상에 대한 접근법을 다시 명확하게 (재)정의한다.

어쨌든 사이버스페이스라는 말은 어딘가 약간 '환상적'인 것처럼 보이는 게 사실이다. 그것은 마치 "멋진 신세계"라는 표현에서 우리가 느낄만한 감각을 상기시키기도 하고, 또는 지나치게 문학적이라는 이유로 학술적 용어로 쓰기에는 순박한 것처럼 보이기도 한다. 실제로 사이버스페이스라는 말이 맨 처음 소설, 그것도 SF 장르 문학(Gibson, 1984)에서 등장했다는 점이 이런 인상을 부추기는 것일 수도 있다. 그것보다 내가 생각하기에 사이버스페이스라는 용어 사용이 당면한 문제는 그것에 결부된 환상성의 감각이 사이버스페이스로 지시되는 무언가를 말 그대로 환영적 공간으로 인식되게 한다는 점이다. 말하자면 그것은 거의 '비−공간' 또는 '가짜'(사이비) 공간이 된다. 그리고 이것은 어쩌면 지금 시점에서 사이버스페이스라는 용법을 유지해야 하는 거의 유일한 이유에 정면으로 반하는 이미지다.

1. 사이버스페이스라는 관계 공간

사이버스페이스와 관련해 이 글의 일차적인 관심은 그것의 공간적 특성을 밝히는 데 있다. 여기서 '공간'은 메타포가 아니라 실제적 의미로 사용된다. 즉, 약간의 동어 반복을 감수하고 다시 기술하면 사이버스페이스는 그 자체로 공간이라는 것이다. 이때 공간은 반드시 어떤 물리적 실체를 지시하지 않는다. 물리학적 의미에서 공간 개념은 크게 두 가지 계열로 분기되는데, 공간에 대한 실체주의(substantialism)는 공간을 하나의 독립적 실체로 간주하며 물질적 대상들 사이의 관계를 매개하는 것으로 인식한다. 뉴턴이 상정한 '절대 공간'은 물질적인 영역과 명확히 구별되며, 무엇보다 물질의 운동이라는 문제에서 물질 간 상대적 위치나 움직임을 초월하는 하나의 절대적 참조점으로 설정돼 있다. 뉴턴의 공간론에서 모든 절대 위치와 운동은 오직 공간 자체(절대 공간)에 대해서만 상대적이다.

반면에 공간에 관한 관계주의(relationism)적 관점은 '공간 그 자체'를 상정하길 거부한다. 공간은 독립적 실체가 아니라 물질들의 상대적 위치로부터 구성되는 것이다. 라이프니츠의 비유처럼, 가족 구성원들 사이의 관계가 하나의 가계도로 표현될 때 그 가계도의 내용이 지시하는 것 이상의 '가계도 자체'가 지시하는 것은 없다(Huggett, 2010, p.93 재인용). 관찰 가능한 것은 각각의 물질적 대상들이며, 상정되는 것은 이들 서로 간에 비매개적으로 ―공간의 매개 없이― 현실화되는 개별 관계들이다. 따라서 관계론에서, 실체론의 내용이 지시하는 종류의 '텅 빈 공간'이란 없다. 공간은 그 자체로 실체가 아니기 때문이다(Danton, 2010).

내가 사이버스페이스를 하나의 공간으로 인식할 때 그것이 상정하는 인식의 기반은 관계론적 공간 개념에 가깝다. 사이버스페이스는 현실적인 공간의 연장으로 구성되는 것이 아니라, 실제로 웹 서버에 구축된 방대한 양의 웹 '페이지들'로 건설된 공간이다. '아직 가지 않은 곳'이란 사실상 아직 읽지 않은 또는 열어보지 않은 페이지다. 사이버스페이스에는 깊이와 내부가 따로 없으며 존재하는 것은 각각의 페이지들이다. 하나의 페이지에서 다른 페이지로 논리적으로는 직접 건너 뛸 수 있다. 그것은 상호 연결된 링크를 클릭하거나 웹브라우저의 주소창에 직접 주소를 쳐넣는 것으로 가능하다. 실제로 네트의 접속자는 자신의 요청 신호를 숫자들의 다차원적 매트릭스 속에서 특정 좌표로 이동시키는 것이다.

즉 여기서 일차적으로 사이버스페이스는 가상현실(VR) 기술이 제시하는 매개 형식(투구형 디스플레이 장치와 3차원 그래픽 공간, 이용자의 몸짓을 모방해 그 공간 속을 거니는 아바타 또는 1인칭 시점의 재현 방식 등)의 문제와 별개로, 우선 인터넷에 기반한 웹 페이지들의 네트를 의미한다. 가상현실의 재현 기술도 그것이 네트 접속을 상정하지 않는다면 이용자를 개별적으로 특정의 고안된 환경에 몰입시키는 또 다른 방식일 뿐이다. 사이버스페이스 범주의 가장 기본적인 요소는 접속이며, 접속을 통해 사이버스페이스 상의 '물체'들은 서로 위상적 배치 관계를 이룬다. 이것은 물리학적 의미에서의 공간 개념과 상충되지 않는다. 현실적이고 일상적인 차원에서 그런 접속을 실행하는 '사이버스페이스'는 웹 페이지들의 공간이며 —각각의 페이지들에는 VRML이나 그 밖의 재현된 3차원 공간들도 하나의 객체로서 삽입될 수 있다.— 그것은 '월드와이드웹'(World Wide Web)이라는 이름으로 불린다.

사이버스페이스의 '공간적' 특성이 기존에 흔히 이야기되는 것처럼 컴퓨터 그래픽을 통한 3차원 재현 공간을 반드시 요구하지 않는 것은 이런 맥락이다. 깁슨(Gibson, 1984)이 처음 고안한 사이버스페이스 세상에서도 핵심은 어떤 정교한 배경 재현 기술에 있다기보다 — 실제로 "공감각적 환상"의 사이버스페이스는 거의 빛에 가까운 것으로 묘사된다.— 결국 무언가와 무언가의 현실적인 접속 장치들에 있다. 노박(Novak, 1993)이 사이버스페이스를 "전 지구적 정보처리 체계에서 모든 정보를 완전히 공간적으로 시각화한 것"으로 정의했을 때 이런 시각은 90년대 초 VRML의 최초 개발자들 사이에서 "월드와이드웹의 공간적 등가물로서 전체 인터넷 공간에 대한 통합 개념을 만들려는" 시도로 이어졌다. 그들에게서 VRML은 "추상적 데이터 네트워크에서부터 감각적으로 지각 가능한 3차원 재현 인터넷으로"(Manovich, 2001, p.250에서 재인용) 진화하는 한 국면으로 인식됐다. 그러나 여기서도 오히려 방점은 '네트워크 접속' 자체에 찍혀야 하는데, 물리학적 공간 개념과 감각적 지각의 문제는 서로 내적 상관성이 없기 때문이다. 그것은 차라리 서구 문화가 전통적으로 상정하는 '시각화'의 욕구에 해당하는 부분처럼 보인다.

사이버스페이스라는 용어의 어원학적 설명으로부터 일반적으로 이야기되는 '사이버네틱스'와의 관계 맺기도, 그것이 지시하는 '조정' 또는 '제어'의 의미가 어떤 내적 필연성에 따라 3차원 공간 배경을 요구하는 것은 아니다. 그것은 사이버스페이스에 대한 특정의 입장을 반영하는 하나의 설명틀이다. 사이버네틱스와의 관련성 속에서 3차원 공간 재현을 사이버스페이스의 필수적 부분처럼 간주하는 시각은 사이버스페이스를 구성하는 두 가지 요소로 인형(puppet)과 이용자(patron)를 상정하며, 전자는 후자의 동작에 따라 정교하게 제어되는 것으로 이야기된다(Walser, 1994, p.72). 사이버스페이스 기술의 기본적인 목적은 이용자와 인형간의 밀접한 피드백 루프를 제공하고 이용자에게 인형과 같은 구체화된 형상을 제공하는 데 있으며(ibid.), 이런 논리에 따르면 사이버스페이스는 비물리적 정보 공간으로서 우리가 직접 몸을 가진 채 들어갈 수 없기 때문에 행위를 대신할 이른바 '사이버 대리인'을 필요로 한다. 그것(인형)은 물리세계의 본래 행위자에 대응해 사이버스페이스 상에서 정보화되고 탈육화된 행위자로서 존재한다(김선희, 2003, 180쪽).

이런 시각은 사이버스페이스를 일종의 유사속성들의 집합으로 인지하는데, 사이버스페이스는 실체적 대상이 아니라 '속성적' 대상, 속성들의 집합으로 구성된 대상이라는 것이다(Novak, 1993). 사이버스페이스의 존재자들은 개별자라기보다 속성들의 다발 또는 그것들의 무수한 조합이다. 사이버스페이스에서 우리는 거의 일상적인 '다중자아' 현상을 목격하는데, 왜냐하면 속성존재론이 지배하는 사이버스페이스에서는 여러 다발의 속성 집합을 임의적으로 구성해낼 수만 있다면 얼마든지 많은 '사이버 자아'들을 창출해낼 수 있기 때문이다. 이 경우 사이버스페이스의 다중자아는 개별적 몸을 지닌 하나의 '본래 자아'가 다수의 자아들로 출현하는 양상을 지시한다.

따라서 지금의 구도가 3차원 공간 재현과 그 속의 '대리인'을 통해 현실과 사이버스페이스를 이원적으로 대비시킬 때, 그것은 사이버스페이스의 '존재자'들을 현실의 존재가 구현되는 결과물로 간주하고 있다. 그리고 이것으로부터 자연스레 도출되는 하나의 결론은 신체를 지닌 현실의 본래적 개별자에 대해 사이버스페이스 상에서 표상되는 '신체를 결여한' 속성들의 집합은 그 정당한 존재 자격을 획득하지 못한다는 인식이다(김선희, 2004, pp.68~74 참조).

　사이버스페이스에 관한 기존의 많은 논의들은 사이버스페이스를 일종의 '정보 공간'으로 간주한 채 의식과 정신의 패턴화를 이야기하면서 초기의 '디지털 데카르트주의'에 여전히 머물러 있는데(Hayles, 1999, p.5 참조), 경우에 따라서는 그것에서 비교적 정당하게 빠져나온 것처럼 보일지라도 곧바로 그것으로 회귀한다. 즉, '디지털 데카르트주의'는 하나의 본질적 중심을 상정한 채 사이버스페이스의 존재 양태를 신체와 분리된 정신 작용으로 환원시키는 경향이 있다. 또는 그런 형태의 이원론에 반대해 등장한 논리 역시 사이버스페이스 외부에 이른바 현실의 '본래 자아'를 상정하면서 사이버스페이스에서의 존재 양태를 물리세계에 종속시키고 그 현실적 기반으로서 외부의 신체적 동일성에 유일한 존재 자격을 할당한다.

　이제 사이버스페이스는 현실의 사회문화의 재현으로 간주되며, 그것이 서 있는 기반으로서 현실의 물적인 조건이 강조된다. 사이버스페이스는 외부의 일자에 대해 허상이거나 부차적으로 덧붙여진 것이다. 그리고 바로 이런 면에서 지금의 시각은 역설적으로 사이버스페이스에 관한 초기 논의와 통한다. 기본적으로 사이버스페이스를 허구로 규정하는 것의 이면에는 허구가 아닌 본질적인 무언가가 ─그것이 '본래 자아'든 '현실'의 물적 조건으로 상정된 그 무엇이든 간에 ─ 은밀히 상정되기 때문이다. 내가 생각하기에 사이버스페이스를 진짜로 '낭만화'하고 있는 것은 사이버스페이스에 지나치게 사회구성적인 해석 틀을 부과하는 시각들이다. 여기서 '사회적인 것'이란 언제나 사이버스페이스 밖에 놓인 '진짜' 인간들, '진짜' 제도들, '진짜' 조건들과 관계들을 가리킨다. 이렇게 지나치게 '사회화된' 또는 외부화된 사이버스페이스는 스스로의 독자성을 상실하고 그 공간적 가치는 전체화된 하나의 현실 공간성으로 환원된다. 그것은 말 그대로 '사회적 네트워크 서비스'가 된다. 이런 시각은 사이버스페이스에서 내적인 공간 논리가 출현할 가능성을 사전에 차단하는 것처럼 보인다.

사이버스페이스를 '사회적 네트워크'로 간주하는 시각은 사이버스페이스에서 공간성을 박탈한다. 그것은 얼핏 공간에 대한 라이프니츠 식의 관계주의와 연결되는 것처럼 보이지만, 현실의 사회적 관계망의 재현으로서 사이버스페이스 규정은 사실상 공간 논의와 무관하다. 그것은 요소들의 관계로서 사이버 '공간'을 보는 것이 아니라 일차적으로 그 무언가를 의사소통이나 정보 교환을 위한 관계들의 매개 형식으로 인식하기 때문이다. 여기서 '공간'은 하나의 은유이자 환각의 경험이 된다. 나는 사이버스페이스를 사람들의 주관적 경험들과 상상으로 구성되는 것이나 사회적 네트워크의 막연한 합으로 간주하지 않고 그 자체 독자적 공간으로 정립하는 것이 사이버스페이스에 관한 이해에서 선행돼야 할 작업이라고 생각한다. 그것은 사이버스페이스를 일차적으로 사이버스페이스의 물적인 조건의 기반 위에서 이해하는 것이다.

2. 사이버스페이스의 물적 구조와 공간적 특성

사이버스페이스의 공간적 특성의 기반이 되는 것은 '월드와이드웹 공간'(이하 WWW 공간)이다. 월드와이드웹은 또한 그것이 물리적으로 기반한 인터넷과 구분되는데, 다음의 분기점을 유념할 필요가 있다. 인터넷이 컴퓨터 간 네트워크들의 네트워크라면 월드와이드웹은 각 컴퓨터에 들어 있는 문서들 간 직접 연결 네트워크다. 1969년 미국의 'ARPANet'을 시초로 하는 인터넷은 기존의 서로 다른 이질적 네트워크들(유선 네트워크, 위성 네트워크, 라디오 네트워크, 지역 네트워크 등) 간의 신호를 변환하는 프로토콜을 필요로 했고, 1970년 최초의 프로토콜(NCP)이 도입된 이후 지금의 전송-제어 프로토콜(TCP/IP)로 확립됐다.[1] 개별 컴퓨터들은 각자 고유한 IP 주소를 할당받은 채 서로 호환이 가능해졌는데, 이로써 인터넷은 주소 공간에 의해 논리적으로 상호 연결된 하나의 정보체계가 됐다.

인터넷이 상정하는 네트워크 구조 자체에서 이미 일종의 변환 규칙과 절차는 마련됐다. 그 변환 프로토콜에 따라 서로 다른 각각의 개별 네트워크들을 물리적으로 이을 때 하나의 동질적 IP 주소공간(인터넷 공간)이 생성된다. 현재 전 세계 146개국 5,000여 컴퓨터 네

---

1) 인터넷의 역사(주로 초기 역사)에 관해서는 Hafner & Lyon(1996) 참조.

트워크와 900만 대 이상의 호스트 컴퓨터가 연결돼 있다.[2] 개별 PC 들은 호스트 컴퓨터와의 접속을 통해 IP 주소를 일시적으로 할당 받고 인터넷 공간에 참여한다. 따라서 인터넷 공간은 IP 주소들 사이의 관계적 공간인 동시에 한편으로 물리적 서버가 위치한 현실의 지리적 공간과 일정하게 겹친다.

우리는 라우터들의 상호연결망을 하나의 공간 좌표 속에 표현할 수도 있다. 데이터의 이동은 이론상 빛의 속도를 따르지만, 물리적 구조와 전송 방식 때문에 실제로는 특정의 제한적 속도로 나타난다. 전 지구적 인터넷 연결망에서 일종의 하부체계를 이루는 지역 네트워크(Local Area Network: LAN)는 이런 제약에서 비교적 자유로운데, 특정의 국지적 장소들에서 개별 컴퓨터들을 연결하는 LAN은 한 대의 허브를 중심으로 여러 대의 컴퓨터와 네트워크 장비를 서로 연결시키며, 같은 허브에 연결된 컴퓨터와 네트워크 장비는 모두 상호간에 통신을 할 수 있게 된다. 허브로 연결된 네트워크에서는 한 컴퓨터에서 주고받는 데이터가 같은 허브에 연결된 다른 모든 컴퓨터에 동시에 전달되며, 이런 LAN 방식을 처음 고안한 제록스 팍(Xerox PARC)의 메트칼프(R. Metcalfe)는 이 네트워크를 빛의 매질로서 '에테르'(ether)의 이름을 따서 '이더넷'(Ethernet)이라고 불렀다(배식한 2001: 94).

월드와이드웹은 인터넷이라는 물리적 연결과 하이퍼텍스트라는 특이한 구조가 결합한 형태다. 하이퍼텍스트의 근본 요소는 링크(link)와 노드(node)다. 그 가시적인 외양은 마디 또는 결절들이 끈

---

2) "http://ko.wikipedia.org/wiki/인터넷" 참조.

또는 선을 통해 연결되는 형상이다. 기본적으로 하이퍼텍스트는 링크로 이어진 마디들의 모임으로 볼 수 있는데, 중요한 것은 마디들이 모이는 방식이다. 링크를 통해 한 마디에서 다른 마디로 이동하는 방식은 여러 가지며, 병렬적인 두 마디 사이에 반드시 하나의 링크만 있어야 하는 것도 아니다. 하나의 마디가 여러 링크를 통해 다수의 마디들로 발산될 수도 있고, 여러 마디들이 하나의 마디로 수렴될 수도 있다. 월드와이드웹에서 마디는 하나의 웹 페이지에 대응한다.

하이퍼텍스트의 다양한 연결 구조와 개별적으로 현실화되는 비선형성에 관한 인식은 사실 웹의 등장 이전부터 있었다. 우리는 인터넷과 마찬가지로 하이퍼텍스트에 대해서도 특정의 계보를 마련할 수 있다.[3] 예를 들어 바르트(Barthes, 1974)는 기표들의 덩어리로서 텍스트가 기의들의 선형적 구조와 사실상 무관한 채로 시작도 끝도 없이 상호 연결망 속에서 결정 불가능성에 놓여 있는 형상을 언급한다. 이때의 '텍스트'는 고전적 의미의 '작품'(work)과 구별된다. 하이퍼텍스트의 '완전한' 형태에 대한 평가는 예를 들어 다음과 같은 인식으로 나타난다. 텍스트는 더는 선형적이지 않고 각각의 페이지는 상호 참조를 통해 모두 연결된다. 모든 페이지에서 모든 페이지로 직접 이동이 가능하다. 하나의 텍스트는 수시로 자신의 외부로 튀어나가면서 그 시작과 끝을 점차 알 수 없게 되는데, 사실상 모든 텍스트들은 하나의 동일한 '텍스트'로 수렴해가는 것처럼 보인다(Lévy, 2002, p.63). 어떤 면에서 하이퍼텍스트와 하이퍼링크는 발산과 수렴의 동

---

3) 하이퍼텍스트의 역사와 독특한 속성에 관한 논의는 Berk & Devlin(1991)와 Nielson(1995) 참조. 문학 이론에서 하이퍼텍스트에 관한 논의는 Landow(1992) 참조.

시적 작용이다.

하이퍼텍스트로서 웹 페이지 또는 그 자체로 하나의 거대한 하이퍼텍스트처럼 보이는 월드와이드웹은 다른 페이지로 연결되는 링크가 또한 페이지 속에 들어 있으며 여기에는 텍스트뿐만 아니라 그래픽 이미지, 사운드, 비디오 등 어떤 객체도 포함될 수 있다는 특징을 갖는다. 웹의 기본 요소는 문서 작성 언어인 HTML, 문서 연결 시스템인 HTTP, 페이지의 주소와 위치를 지시하는 URL이다. 이 중 특히 URL은 단순히 컴퓨터와 컴퓨터를 연결하는 IP의 수준을 넘어 서로 다른 컴퓨터들 속의 문서들을 바로 연결할 수 있게 한다. 따라서 지금의 사이버공간에서 주어진 상황은 하나의 컴퓨터에 여러 페이지들이 존재하는 한편, 하나의 페이지는 여러 컴퓨터에 있는 페이지들로 이루어지는 구조(링크들로 구축된 하이퍼텍스트 구조)의 존재다. 특정 페이지들은 개별 컴퓨터들에 수렴하며, 동시에 페이지들은 복수의 컴퓨터들에 걸쳐 있다. 이것은 일종의 순환관계를 이루는 것처럼 보인다.

실제로 네트의 접속자들은 컴퓨터 간이 아니라 페이지 사이를 이동하며, 따라서 운동의 궤적이 생성되는 공간은 WWW 공간이다. 앞서 월드와이드웹을 인터넷과 하이퍼텍스트 구조의 결합으로 규정하면서 네트워크의 분기되는 형태를 언급했는데(컴퓨터들의 네트워크와 웹 페이지들의 네트워크), 이제 이 두 개의 네트워크 공간을 식별하는 것이 문제가 된다. 인터넷 공간이 현실의 지리적 공간과 일정하게 겹치는 한편으로, 페이지들의 관계적 공간으로서 WWW 공간은 그 자체의 구조 속에서 현실의 공간 배치와 사실상 무관하게 존재한다.

동시에 하나의 페이지가 여러 컴퓨터에 분산되거나 여러 페이지가 하나의 컴퓨터에 귀속될 때, 인터넷 공간과 WWW 공간은 서로 일정하게 중첩되면서 분리된다. 두 공간 구조는 복잡한 방식으로 상호 연계돼 있다.

네트워크 연결에 대한 좀 더 기술적인 논의들이 가능할 테지만 지금 우리가 관심을 갖는 주제와 관련해서는 우선 이 정도로 충분할 것 같다. 사이버스페이스의 공간적 특성을 규정하는 문제에서 우리는 그 물적 기반으로서 WWW 공간 구조를 인지했다. WWW 공간은 다수의 웹 페이지들로 이루어진 공간이다. 2005년의 조사에서 이미 존재하는 페이지들의 수는 120억 개를 넘는 것으로 측정됐다(Gulli & Signorini, 2005). 이 수치는 엄격히 구글 등 검색 사이트에서 인덱싱돼 표출되는 결과에 바탕한 것이며, 제시된 수치의 두 배 이상을 현존하는 페이지 수로 잡는 경우도 있다. 그러나 현재 월드와이드웹의 크기를 정확히 측정하는 것은 쉽지 않다. 무엇보다 페이지들은 시간에 따라 지속적으로 생성된다. 하이퍼텍스트적 구조 속에서 페이지 사이의 링크와 이동가능 경로의 경우의 수는 훨씬 더 늘어난다. 각 페이지들은 링크의 형태와 수에 따라 서로 구분되는 다양한 배치 속에 놓여 있다.

우리는 여기서 네트워크의 위상적 구조를 적절한 기하학적 요소의 설정을 통해 표현할 수 있다. 인터넷과 월드와이드웹에 대한 기존의 네트워크 이론들에서는 일부 '거리함수'적 분석과 복잡계 네트워크 전반을 아우르는 통계역학적 분석들에도 불구하고 사이버스페이스를 어디까지나 하나의 사회관계적 네트워크 자체로 인식하며 공간 논의와의 직접 연결은 별로 상정하지 않는다. 주로 거리는 지점들 사이의 상관계수 또는 클러스터링 계수로 표현돼 왔으며 이때 네트워크는 요소들 간 상관관계의 정도를 '멀고 가까움'이라는 공간적 은유를 통해 펼쳐놓은 형태로 간주된다. 그러나 인터넷 공간과 하이퍼텍스트 구조의 결합 형태 속에서, 특정 페이지에서 다른 페이지로 이동할 수 있는 경로들의 목록을 살피고 링크의 단계적 연결 상태로 페이지들 간의 거리를 규정할 때 네트워크를 하나의 공간성으로 인지할 가능성이 마련된다. 이제 하나의 장소에서 다른 장소로 가는 무언가의 '운동'을 생각할 수 있다.

여기서 '항해 공간'(navigable space) 개념은 지금의 사이버스페이스의 공간적 특성 속에서 운동을 이해하는 하나의 효과적 분석 시각을 제공해주는 것 같다. 비록 그 개념 자체는 미디어 분석 영역에서 나타났고 '미디어로서의 사이버스페이스' 규정과 그것에 결부된 재현 공간 이미지는 지금 여기의 논의와 다른 관점에 놓여 있지만 말이다. 그러나 예를 들어 항해 공간에 관한 마노비치(Manovich, 2001)의 생각들에는 정확히 '운동성'이라는 측면에서 참조할 지점들이 있다. 마노비치는 항해 공간을 단순히 데이터베이스 인터페이스의 특정 유형으로 보는 것이 아니라 그 자체로 하나의 문화적 형식으로 간주하는데, 그것은 이른바 '뉴미디어'에 고유한 새로운 형식이기 때문이다(ibid., p.251). 물론 건축이나 도시 계획, 기하학과 위상학 등 공간을 조직하고 재현하고 시각화는 일은 인간 문화에서 언제나 근본적인 부분을 차지했다. 뉴미디어에서 공간 구축은 이런 기존의 전통 모두에 기반하지만 하나의 중요한 측면에서 근본적으로 차이를 보이는데, 처음으로 공간은 미디어 유형이 된 것이다. 오디오, 비디오, 이미지, 텍스트 등 다른 미디어 유형과 마찬가지로 공간은 이제 즉각적으로 전송, 저장, 복구, 압축, 포맷, 스트리밍, 필터링되고, 컴퓨터로 연산되거나 프로그램되며, 무엇보다 모든 종류의 데이터와 상호작용한다.

기본적으로 미디어의 새로운 유형에 대한 관심 속에서 마노비치는 주로 3차원 공간 재현에 대해 언급하고 있지만, 여기서 오히려 핵심은 컴퓨터 데이터로의 전환 결과 기존 미디어를 통해 가능한 조작이 뉴미디어 공간에도 적용될 수 있다는 점이다. 지금의 논의에서 사이버스페이스의 공간적 특성이란 단지 3차원 공간 재현 방식에 국한되지 않고 '물체'들 사이의 관계에 기반하기 때문에, 뉴미디어에서 공간 조작의 의미는 그 실질적인 '물체'들의 내용을 이루는 객체의 특성으로 좀 더 확장해서 이해할 필요가 있다.

웹 페이지의 하이퍼텍스트적 속성에서 가능해지는, 각 페이지들에 링크로 삽입해 들어오는 객체들은 형태적으로 이미지, 영상, 소리, 텍스트 그리고 VRML이나 그밖에 3차원 기술로 재현된 공간-객체 등 이질적인 대상들로 보인다. 하이퍼텍스트의 하이퍼링크 기능은 사실상 어떤 종류의 미디어도 서로 연결시키는 것이 가능하고, 접속자는 하나의 동일한 페이지에서 다양한 대상 경험을 하게 된다. 우리는 마노비치의 분류방식에 따라 하이퍼텍스트를 이루는 미디어 객체를 다음 다섯 가지 특성으로 기술할 수 있다. 1) 숫자적 재현(Numerical Representation) 2) 모듈성(Modularity) 3) 자동화(Automation) 4) 변경가능성(Variability) 5) 트랜스코딩

(Transcoding).[4]

이 중에서 이질적인 것의 종합으로서 웹 페이지의 존재를 가능하게 하는 것은 숫자적 재현과 그것을 통한 동일성의 원리다. 나머지 속성들은 기본적으로 숫자적 동일성으로부터 산출된다. 연속된 데이터의 디지털화는 알고리즘에 따른 대상의 조작을 가능하게 하는데, 모든 대상은 0과 1의 디지털 코드의 배열로 식별되며 동시에 서로 동질적인 것으로서 호환된다. 따라서 여러 객체들(또는 그것의 링크들)의 집합으로서 하나의 페이지는 또한 링크를 통해 그 자체로 다른 페이지의 객체가 되며 상호 참조적이 된다(우리는 또한 각각의 객체를 모두 링크로 연결된 페이지들로 보는 것이 가능하다). 그러나 이런 지속적인 전환과 이동의 과정에서 한편으로 각 대상의 성격은 유지된다. 링크 이동을 통해 상이한 상황적 맥락에서 서로 다른 특성을 표현할지라도 그 다양한 존재 양태 사이에서 우리는 최소한의 공통적 영역을 발견할 수 있다.

이 같은 대상적 특성 속에서 그 자체로 대상들의 관계로서 페이지(서로 다른 대상들의 하이퍼링크 집합)는 또한 각각의 '공간'을 이루고, 이것은 그 밖의 다른 대상들과 상호작용한다. 이런 의미에서 사이버스페이스는 공간들의 공간이며, 각각의 공간들을 링크를 타고 '항해할 수 있는' 공간이다. 재현 공간 개념은 개별 객체들의 집합적 공간이며 분리적 공간이다. 마노비치의 언급처럼(ibid., p.257) WWW나 VRML의 사이버 공간은 대상에 우선하는 절대적이고 체계적인 후기 르네상스적 공간이 아니다. 그러나 또한 그 사이버 공간은

---

4) 뉴미디어 원리와 그 분류 방식에 관한 구체적 내용은 Manovich(2001) 참조.

어디까지나 미디어 분석가들이 상정하는 이용자 인터페이스로서의 재현 공간—경험을 지시하지도 않는다. 그것은 앞서 언급했듯이 모니터 밖 '본래 자아'라는 가정된 주체에 '이용자 경험'을 할당하면서, 필연적으로 다양성의 경험을 다중자아 현상으로 귀속시킨다. 오히려 지금의 논의에서 핵심은 다음의 사실관계다. 웹 공간은 원칙적으로 볼 때 일관된 전체라기보다 수많은 파일들의 집합으로, 그것을 통합하는 전체적 관점을 상정하지 않은 채 하이퍼링크돼 있다. 그것은 분리된 객체들의 목록이며, 그 안에서 항해하는 접속자는 어떤 서사 구조를 생각하지 않고 대상을 추가하거나 삭제할 수 있다.

3. 사이버스페이스와 행위의 장: 비장소 또는 전이 공간

사이버스페이스와 관련해 처음의 문제의식은 사이버스페이스를 하나의 공간적 특성 속에 정립하고 그 공간적 구조를 가시화하는 것이었다. 그것은 사이버스페이스를 그 자체의 물적 조건 속에서 인지하려는 작업의 일환이다. 단순히 사이버스페이스가 현실의 사회문화적 제도의 재현으로 간주되거나 현실에 부차적으로 덧붙여진 허상으로서 상상적인 것의 영역에 위치되는 상황에서 벗어나기 위해서는 사이버스페이스의 공간적 구조와 형태를 식별해내는 것이 필요한 일로 보였다. 무엇보다 지금 이 순간에도 벌어지고 있는 사이버스페이스 상에서의 무수한 '물체'들의 운동 과정을 이해하려면 실재하는 사이버스페이스의 영역을 더 면밀하게 살펴야 한다. 우리는 사이버스페이스의 운동을 기술하기 위한 공간적 특성의 기반으로서 WWW 공간을 상정했고, 그것은 인터넷 공간과 하이퍼텍스트 구조가 결합한 형태라는 것을 알고 있다. 하이퍼텍스트 구조의 근본 요소는 링크와 노드며, 이들은 WWW 공간에서 URL 링크와 페이지에 대응한다.

사이버스페이스의 공간 구조 이해에서 핵심은 링크인데, 그것은 각각의 페이지들을 서로 위상적 배치로 연결하면서 하나의 공간성을 웹에 부여한다. 사이버스페이스가 링크들로 복잡하게 연결된 페이지들의 영역일 때, 그것은 단순히 사회적 네트워크의 합이 아니라 그 자체의 공간적 구조를 형성한다. 링크의 끊임없는 생성과 소멸의 작용이 사이버 공간의 각 페이지들 사이에서 상대적 운동으로 나타난다면, 따라서 링크는 사이버 공간의 구조와 기하학적 형태를 특정한 방식으로 규정한다. 이제 그 링크의 문제를 조금 다른 측면에서 다시 바라보자. 한편으로 링크의 연결은 사이버스페이스 내부에서 그것에 중첩되는 또 다른 공간들의 지속적인 생성을 표현하는 직접적인 수행이자 그 자체로 항해인데, 왜냐하면 링크란 언제나 공간에 대한 개입이기 때문이다. 즉 공간 안에서의 항해가 그 공간을 다시 규정하는 것이다. 이 항해 공간이라는 특이한 범주는 사이버 공간에서의 현실적 존재 방식을 특징짓는 동시에, 공간에 관한 인류학과 건축학 등 다른 문화적 장에서의 개념적 발전들에 부합한다.

우리는 지금까지 사이버스페이스에서의 운동을 하나의 공간적 특성 속에서 인지했지만, 이 개입의 문제에서 서술 대상의 기반은 네트에 접속하는 사람들의 주체화 작용에 관한 사항으로 전환된다.

예를 들어 특정 지점에서 생산된 물체는 링크를 따라 운동하지만, 그 링크 연결을 실제로 수행하는 중간자적 생산자들의 의지 또는 행위력에 따라 물체의 개별 이동 경로와 방향이 현실화된다. 즉, 링크가 사이버스페이스에서 페이지들 사이의 공간성을 현실화할 때 그 개별 링크의 생성 또는 소멸의 현실화에 개입하는 것은 사람들이다. 따라서 우리는 기존의 공간과 일정하게 식별되는 또 다른 행위의 장을 인지해야 하는 것으로 보인다. 그것은 일차적으로 공간상의 특정 경로들의 연결을 의미부여의 장으로 변형한다. 그리고 이것과 관련해 우리는 공간(화)와 함께 장소(화)의 동시적 작용을 이해해야 한다.

'장소'는 일차적으로 어떤 특정한 행위가 이루어지는 장이자 그 행위가 이루어지는 물리적 배경을 지시한다. 공간과의 관계에서 그것은 어떤 형태로든 가치가 개입된 것으로 규정되고, 인간 실존에 내재적인 것으로 간주된다(Tuan, 1995). 슐츠(Norberg-Schulz, 1985)의 실존주의적 진술처럼 장소가 행위와 의도의 내재적 중심이며 의미있는 사건들을 경험하게 되는 초점이자 행위의 결절이라면(p.36), 모든 것의 초점이 되는 바로 그 특성으로 인해 장소는 주위 공간의 일부이면서 또한 그 공간과는 별개의 것으로 식별된다. 추상적인 물리 공간이 사물들을 연결하는 가능성의 영역으로 드러날 때 그 "형상적 공백"은 스스로의 의도를 갖는 한정된 장소가 되며, 이런 의미에서는 공간과 장소는 서로 중첩된다.

말하자면 장소는 의미가 부여된 공간이다. 그러나 동시에 실천의 장으로서 장소는 공간 속에서 일종의 행위의 과정으로 존재하기 때문에 또한 공간은 장소의 구축을 통해 (재)형성된다. "공간은 그 의미를 특정한 장소들로부터 얻는다"(Relph, 2005, p.39). 따라서 공간과 장소의 이분법은 서로가 서로를 포함하는 복수적 의미영역으로 재규정되는데, 이로부터 도달하는 인식의 지점은 근대 지리학에서의 일반화된 공간 개념(서로 다른 지표의 부분들 사이에서 상호 비교 가능한 위치관계를 규정하는 것)도 아니고, 그렇다고 공간에 운동성을 배타적으로 부여하고 장소에는 움직임의 고정을 분배하는 또 다른 인위적 장소-공간 개념도 아니다.

장소가 인간 실존의 내재적 중심을 규정하는 의도성에 관한 문제라면 그것은 드물게 존재하는 주체화 작용에 관계되는 것일 수 있기 때문이다. 이때 그것은 반드시 장소-특정적인 존재방식에 국한될 필요가 없는데, 말하자면 그것은 여러 장소를 떠도는 과정으로서의 유동적인 존재 양태의 기반일 수 있으며 이런 맥락에서는 장소라는 고유한 범주는 이동성의 행위 양상에 대면한다. 그것은 일종의 "기능적 장소"(Meyer, 2000)며, 그 자체로 하나의 과정이자 장소들 사이에서 발생하는 작용이고 움직이는 신체들의 궤적이다.

그러나 이런 흐름은 필연적으로 내재된 모순적 경향과 조우할 텐데, 우리는 또한 끊임없는 장소의 이동으로부터 장소성의 상실을 경험하기 때문이다. 지속적으로 경험의 초점이 와해되는 가운데 장소 결핍으로서의 무장소성(placeless)은 장소와의 관계를 피상적이고 우연적인 행위들의 우글거림으로 보이게 한다(Relph, 2005). 오제(M. Augé)에 따르면 전통적 장소 안에서 우리는 의도적인 사회적 관계들을 맺는 반면에, 비-장소(nonplace)는 그 안에 연속해서 출현하는 개인들을 짧은 시간 동안 우발적으로 대면시킨다. 그것은 우리에게 친숙하지 않은 장소, 역사적 의미를 결여할 뿐 아니라 어떤 애착이나 정체성, 안정감도 부여되지 않는 장소를 지시한다. 고속도로, 공항, 쇼핑몰 등 이른바 "지나가는 장소"는 특정 목적과 관련해 형성된 공간들로서 개인의 이동과의 관계 속에서 발생한다(Augé, 1995, p.78).

따라서 문제는 상당수 상황을 어떻게 인지할 것인가와 관련이 있다. 오제의 진술("비-장소는 이동과의 관계다")은 결국 또 다시 장소를 고정된 명사에, 비-장소를 유동적인 동사에 연결시키기 때문이다. 이는 사실상 앞서 장소와 공간의 관계를 스스로 설정한 하위범주 속에서 반복한다. 그는 새로 출현하는 여전히 비범주화된 장소들의 중요성을 인지했지만, 곧바로 사회적인 것의 영역을 도입하면서 그것의 부정으로 나아갔다. 그의 논의에서 '진정성'의 문제는 원래 맥락과는 조금 달리 '사회성'의 담지자로서 별 어색함 없이 자리 잡았는데, 한편으로 그에 대한 대응은 또한 (조금 역설적이게도) 정확히 사회적인 것의 범주로부터 솟아난다. 그것은 장소 대 비-장소, 진정성 대 비-진정성, 사회 대 비-사회(또는 반-사회) 그리고 존재 대 비-존재, 실재 대 허상의 상정된 관계들에서 일관되게 사회적 장소로서의 비-장소를 인지해내고 있기 때문이다(예를 들어 Raahauge, 2008 참조).

이는 이른바 "전이적 공간"(transit space)이라는 충분히 흥미로운 범주를 도입하는데, 이것으로부터 순차적으로 우리는 "전이적 생활"(transitory living)이라는 탈장소적 존재 양태를 식별해내게 된다.

그러나 여기서 그 전이적 생활양식이란, A로부터 B로 넘어가는 리미
널한 상태를 ─특별히 A로부터의 의례적 축출도, B로의 도약적 전
입도 없이─ 지시한다기보다 A와 B의 동시적 공존 또는 이접적 병
렬 배치에 더 가깝다. 두 세계, 예를 들어 유동하는 익명성의 흐름으
로서 대도시와 그 흐름으로부터 결절돼 '아는 사람'을 만나 잠시 멈춰
인사하는 지방적 풍경이 하나의 공간에서 병존하는 상황들 속에서,
전이적 공간은 장소와 비-장소의 비관계적 관계를 이루며 심지어 진
정성을 지닌 비-장소(ibid., p.129)가 된다. 따라서 그것은 비-장소
의 장소화 또는 장소의 비-장소화도 아니고, 차라리 기능의 중첩이
자 복수화며 그 자체로 또 다른 '기능적 장소'인 것처럼 보인다. 실제
로 우리는 장소들 사이의 비-장소적 중간 지대는 없다고 말해야 하
는데, 전이 공간은 A와 B의 관계에 부가돼 그 사이의 위치적 속성으
로 규정되는 것이 아니라 스스로의 내재적 논리로부터 하나의 실재
하는 장소로 식별돼야 하기 때문이다. 그 안에서 심지어 (사회적) 삶
은 더 큰 강도로 체험될 수도 있다(ibid., p.130).

　　그러나 여기서 말하는 '사회적' 삶이란 뒤르켐 식의 사회학적 범주
를 가리키는 게 아니다. 그것은 어떤 사회적 유대나 정서적 연결의
공동체 양식을 지시하는 것이 아니고 그에 결부된 장소-특정적 존
재 방식도 부정한다. 그렇다고 그것은 비장소를 매개로 하는 이른바
"고립적 계약"(Augé, 1995, p.94) 상태에 머물러 있지도 않다. 지금
의 '전이적' 생활양식 속에서 우리는 유동적인 공간뿐만 아니라 '떠다
니는 장소'를 또한 경험하며, 그 장소-공간은 일종의 유동적인 장소,
전이 공간으로 출현하기 때문이다.

장소화와 공간화가 서로 다른 관계들의 계열로부터 중첩되는 것은 이 지점이다. 그리고 내가 생각하기에 사이버스페이스의 장소-공간적 의미가 가시화되는 가능성의 영역 또한 이 지점이다. 이는 결국 비-장소로서의 장소의 의미 차원을 논의에 도입하는 것이다. 이른바 포스트모던의 탈장소화 담론 속에서 장소는 말 그대로 '상실'되는 것처럼 보이지만, 우리는 차라리 끊임없는 장소 상실의 양상으로부터 또한 지속적인 장소화의 실재하는 작용을 재발견하며, 이 비-장소로서의 장소의 의미를 적극적으로 인지해야 한다.

예를 들어, '길'(road)로부터 '거리'(street)가 구별되는 까닭은 정확히 이런 맥락이다. 한 점과 다른 점을 연결하는 통로로서의 길은 양 끝 점 사이의 관계의 재현이지만, 우리가 그 내부에서 실재하는 전이적 공간을 식별해낼 때 그 명명된 거리는 일련의 행위가 발생하는 흐르는 '장소'로서 출현한다. 드 세르토(de Certeau, 1984)는 걷기와 도시의 관계를 파롤과 랑그의 관계로 설명한 적이 있는데(p.97), 이때 보행자들의 일상적인 움직임의 실행을 통해 도시라는 텍스트는 지속적으로 다시 쓰이는 것처럼 이야기된다. 다시 말해 걷기는 기존 체계(랑그)의 부분들을 단순히 재생산하는 것이 아니라 계속해서 비예측적인 공간화의 가능성을 펼쳐 낸다.

그것은 일종의 하이퍼텍스트의 생성 방식을 떠올리게 한다. 거의 무한한 듯 보이는 하이퍼링크의 중층성 속에서 각자 자신만의 개별 주소를 지닌 네트워크상 수많은 페이지들은 일련의 고유한 장소들을 이루고, 단말기 앞에서 개인은 정보가 흘러가는 통로의 일부인 동시에 그 흐름 속에 개입해 어떤 결절의 지점들을 만들어낸다. 그렇다면 여기서 '개인'은 관계들에 선행하는 본질적인 무언가라기보다 처음부터 관계성 속에서 인지되고 식별된다. 따라서 가상적인 텍스트들은 특정의 관점 하에서 개인의 신체를 통해 끊임없이 (재)조합되고 개별적으로 현실화되는 동시에 신체들 또한 그 과정을 통해 재조합되고 복제되며 확장하고 분화한다. 도시에서 보행자가 만들어내는 걸음들이 그것이 연결하는 공간에 새로운 형태를 부여하고 도시 공간 내부에서 실재하는 고유한 장소들을 생성해내듯이, 네트 접속은 사이버스페이스 내부에서 지속적인 장소화 과정과 조우한다.

우리가 이런 의미에서 사이버스페이스를 일종의 전이 공간으로 규정할 수 있다면, 지금의 장소-공간 개념은 그것에 지속적으로 개입하는 항해 운동과 그것을 통한 공간의 (재)형성의 문제와 연결될 것이다. 링크 연결을 따라 그 선들을 지속적으로 새로 만들고 또 지워나가는 움직임의 궤적들이 그 자체로 공간을 생성해나갈 때, 개별 링크의 생성(또는 소멸)의 현실화를 통해 또한 공간을 의미가 부여된 장소로 만드는 것은 네트에 접속하는 사람들이다. 링크들로 연결된 웹 페이지의 공간성이 말해주는 것은, 페이지들 간 기본 구조가 주어진 상황에서 —이것 자체도 변형 가능하다.— 네트 접속자는 개별 경로와 궤적을 생성하고 이런 다양성이 사이버스페이스 내부에서 고유한 장소를 이룬다는 사실이다. 르페브르(Lefebvre, 2011) 식의 공간 생산론은 차라리 사이버스페이스의 공간성에 더 절실한 것으로 보이는데, 사이버스페이스에서 공간적 관계의 변형은 곧 새로운 공간들의 지속적인 생산을 의미하기 때문이다.

4. 장소적 행위성

그렇다면 지금까지의 논의의 궤적이 도달한 인식의 지점에서, 우리가 사이버스페이스라는 항해 공간을 단순히 '초현대성'의 조건으로서 비장소적 특성에만 국한할 수 있을까? 사이버스페이스를 일종의 비장소로 보는 기존 논의들은 이동성의 궤적 자체에 주로 주목하는데, 그것이 공간에 개입해 의미를 부여하고 변형시키는 작용은 인지하지 않는 경향이 있다. 볼터와 그루신(Bolter & Grusin, 2011)은 약간 특이하게 사이버스페이스의 운동의 궤적에 대해서도 거의 이야기하지 않는다. 이들에게서 사이버스페이스가 비장소인 까닭은 그것이 매개된 실재이기 때문이다(ibid., pp.215~217). 비장소에서 사람들은 비인간적 매개물에 개별적으로만 결합되고, 개인이 이런 매개물에서 경험하는 것은 비장소의 하이퍼매개성이라는 것이다(ibid., p.216). 따라서 비장소는 일종의 미디어침투 공간인데, 여기서 실제로 지각되는 것은 무엇보다 미디어 —그것이 매개하는 실재가 아니라— 자체다.

이들이 비장소의 목록에 사이버스페이스를 등재할 때 그것은 마치 "에테르 상태의 쇼핑몰"(ibid., p.217)이자 사실상 교통, 통신, 경제 교환 네트워크로 등치되는 듯이 보인다. 사이버스페이스는 어떤 면에서 특별할 것이 없는데, 그것은 결국 테마파크나 쇼핑몰 같은 비장소를 재매개하면서 다른 현대적 미디어침투 공간들과 마찬가지로 사회적으로 구성되는 산물이기 때문이다(ibid., p.222). 따라서 이들의 사이버공간 인식에서는 오제의 비장소가 상정하는 '비사회성'마저 사회적인 것의 일부가 돼 버린다. 재매개 이론에서 사회적인 것의 범주가 지시하는 것은 어떤 사회적 유대의 문제라기보다 '사회적으로' 구성된 혼종물의 영역인 것이다. 그것은 철저히 기존 문화적 맥락 속에 놓여 있다. 차이는 재매개의 강도에서 나타나는데, 예를 들어 월드와이드웹은 텔레비전에 비해 매개물 자체의 실재성을 주장하는 데 있어 훨씬 더 공격적이다(ibid., p.254). 즉, 그것은 하이퍼매개적이다.

이와 같은 논리에서 모든 미디어는 기존의 역사적이고 사회적인 조건 속에서 하나의 산물로서 등장하고, 그것이 지니는 의미는 하이퍼매개와 비매개의 정도 사이에서 ―사실 비매개도 하이퍼매개와 연계된다.― 분류된다. 그리고 이런 면에서는 뉴미디어를 보는 마노비치의 시각과도 일정하게 분리되는데, 마노비치는 적어도 항해 공간의 미학적 가능성에 대해 역사적 궤적의 말단으로 보는 것이 아니라 "새로운 시작"(Manovich, 2001, p.279)으로 간주하고 싶어 하기 때문이다. 마노비치는 뉴미디어를 기존 미디어와의 관계 속에 놓으면서도 사실상 끊임없이 그 새로운 미학적 형태와 의미를 묻고 있다. 사이버스페이스라는 항해 공간의 경우 명백히 그 가능성은 주체가 움직여 다니는 그 무엇으로서, 영역이 아닌 궤적으로서의 공간적 특성에 있다.

그리고 비장소가 아닌 하나의 유동적 전이 공간으로서 사이버스페이스의 공간성을 인지하는 지금의 논의에서, 그 새로운 미학적 형태는 단지 운동의 궤적을 통해 비장소성을 표현하는 것에 그치지 않고 일정하게 공간 생산과 장소화 작용으로 개입한다. 그렇다면 사이버스페이스의 웹 공간에서 하이퍼링크들로 이루어진 하이퍼텍스트라는 그 하이퍼매개는 단순히 '미디어에 대한 매혹'(Bolter & Grusin, 2011)만을 표상하지 않을 것이다. 사이버스페이스에서 사람들은 미디어라는 실재를 인식하는 한편으로, 구체적이고 개별적인 접속의 운동에서 또 다른 실재를 인지하기 때문이다.

우리가 실제로 사이버스페이스 상의 장소들에 입장했을 때 대면하는 것은 각각의 장소들에서 사람들이 끊임없이 수행하는 일련의 행위 양상들이다. 문제는 특정 장소들에서 현실화되는 존재 양태와 행위의 다양성을 어떻게 인지할 것인가 하는 점이다. 지금의 문제의식에서 비교적 명확한 것처럼, 이런 다양성의 양태를 단지 상상적인 것의 막연한 합으로 간주하지 않기 위해서는 그리고 그 다양성의 범주를 사이버스페이스 바깥에 상정된 이용자-주어에 할당된 경험으로 일방적으로 되돌리지 않기 위해서는 공간 생산-실천이라는 행위의 장을 공간적 구조와의 관계 속에서 인지할 필요가 있다. 우리가 링크들을 잇는 동시에 그 선을 따라 질주할 때, 사이버스페이스에서 개별 움직임의 궤적들은 일차적으로 공간 구조의 영향을 받으며 또한 그 구조로부터의 지속적인 탈주를 시도한다. 한편으로 그 개별적인 힘의 선들은 각각의 장소에서 무수한 마디들을 만들어내면서 공간의 전체적인 배열에 영향을 미치고 주위로부터 다른 링크들을 끌어들인다. 그리고 그것은 또 다시 탈주선을 그린다. 이 과정은 반복된다.

어쩌면 사이버스페이스에서 '현재'를 말할 수 있는 가능성도 이 행위의 장을 통한 개입 또는 실천의 문제와 관련이 있을 것이다. 공간 구조에서 페이지는 다수의 링크들의 집합으로 구축되고, 서로 '상이한' 시간들에 생성된 링크-객체들은 특정 페이지에서 하나의 동일한 평면을 이룬다. 네트 접속자는 서로 다른 시간들에 생성된 링크들을 동일 페이지 평면에서 하나의 현재성으로 대면하는 것 같다. 사람들이 특정 링크들을 따라 개별 움직임의 궤적을 현실화할 때, 공간의 생성과 더불어 사이버스페이스의 시간도 현실화된다. 그렇다면 행위의 장은 새로운 경로의 생성을 통해 개별 평면들을 중첩시키고, 실제로 시공간적 구조에 변형을 가한다.

이제 지금의 상황 인식에서 진정으로 문제가 되는 것은 시공간적 실천으로서 행위의 장을 사이버스페이스의 물적 조건 속에서 어떻게 정립시킬 것인가 하는 것이다. 그것은 시공간적 구조와 일정하게 식별되면서 하나의 분리적 범주를 이룬다. 따라서 우리가 사이버 시공간에서 그 필드를 적극적으로 인지할 때, 그것이 가시화하는 시공간 구조에 대한 개입의 양상은 사이버스페이스라는 장소적 행위성의 분리적 종합을 요구한다.

만일 공간화와 장소화의 지속적인 중첩 속에서 사이버스페이스를 전이 공간(유동적인 장소)으로 규정하는 지금의 논의가 정당한 것으로 인정될 수 있다면, 그것은 기본적으로 사이버 공간을 그와 일정하게 분리되면서 포개지는 장소들의 실재로부터 인지한다. 그러나 그것은 단순히 공간의 장소화를 주어진 상태로 간주하는 것이 아니라, 어디까지나 그 장소화 작용에 개입하는 사람들의 의지에 초점을 맞춘다. 즉, 장소로서의 사이버스페이스는 또한 사람들의 장소화의 행위며, 동시에 그러한 장소화 작용은 장소의 구축을 통한 공간의 (재)형성의 문제다. 우리는 여기서 사이버스페이스라는 '장소적 행위성'을 식별해내게 된다. 장소, 행위, 존재는 하나의 통일체며, 이들은 서로가 서로의 성립기반이 된다. '사이버스페이스의 인류학'이라는 이름으로 우리에게 주어진 업무는 먼저 이런 존재-행위-장소의 개별 속성을 인지하고, 이것으로부터 사이버스페이스를 세 가지분리된 측면에서 접근하며, 결과적으로 하나의 종합된 그림을 그리는 것이다.

5. 사이버스페이스의 인류학

결국 내가 사이버스페이스를 인류학적으로 인지하는 방식은 장소론과 행위론과 존재론을, 그것들을 하나의 장 속에서 분리 정립시키는 과정을 통해서 일치시키는 것이다. 나는 '디시인사이드'에 관한 기존 논의(이길호, 2012)를 통해 사이버스페이스 상에서 인격과 이름의 관계를 다루었는데, 이것은 이 장소들에 특이한 존재 양태의 의미를 적극적으로 인지한 것이었다. 즉 디시인사이드라는 사이버스페이스 상의 장소에서 사람들은 자신들의 생산물('말과 사물')로서 출현하며 이는 생산자의 이름을 달고 상황 속에 제출된다. 따라서 이곳의 사람들에게 '이름'이 지니는 의미는 각별하다. 그것은 이른바 '현실' 세계의 주민등록장부 상에 기입된 '실명'(實名)과 구별되는 또 하나의 진짜 이름이다. 무엇보다 사람들은 다수의 이름들을 지니는데, 그 이름들의 식별 가능성만큼이나 각각의 행위 양상의 패턴들도 유의미한 차이를 보인다. 다시 말해 사이버스페이스 상에서 하나의 이름은 하나의 인격에 연결된다. 내가 주목한 것은 바로 그 사이버스페이스 상에서 직접 가시화된 이름(인격)들의 존재와 그들 사이의 상호작용에 내재된 나름의 논리다.

이 존재와 행위의 문제의 일치 속에서 존재-행위 양태의 다양성을 인지하는 일은 몇 가지 장소적 범주들을 통해 가능해지고, 예를 들어 디시인사이드라는 특이한 장소적 상황에서 사람들이 일상적으로 드러내는 복수의 행위들을 우리는 증여와 전쟁이라는 두 가지 범주들 속에서 식별해나갈 수 있다. 이 범주들은 엄격히 상황 내적이며 이미 일반화된 개념들과 혼동돼서는 안 되지만, 또한 그것은 외부의 준거틀('결핍'을 상정하는 경제, '소유권'을 상정하는 법, '호혜성'을 상정하는 사회 등)을 매개로 대상화돼서도 안 된다. 따라서 우리는 특히 사이버스페이스의 행위론을 말할 때 행위의 다양성이 발생하는 장소들의 개별성을 통해 구체적인 방식으로 생각할 수밖에 없다.

지금의 관점에서 사이버스페이스를 하나의 장소로 인지하는 것은 지속적인 장소화 작용의 결과다. 그것은 장소들 사이의 분리를 상정하는데, 따라서 순차적으로 인위적인 경계획정의 문제가 도입된다. '경계'는 일종의 후(後)사건적 효과다. 그것은 그 자체로 하나의 불변항으로 존재한다기보다는 차라리 주장되는 것이다. 예를 들어 디시인사이드의 갤러리들에서 전쟁의 양상을 생각해보자(이길호, 2012 참조). 전쟁은 모든 분리의 원인인 동시에 모든 분리는 전쟁을 가능하게 하는 조건이 되며, 이는 이 장소들에서 일종의 순환적 관계를 이룬다. 즉, 우리가 여기서 사람들의 장소화 작용에 관심을 기울일 때 그것에 직접적으로 접속하는 방법은 그 주어진 '분리규정'에 주목하는 것이다. 사람들은 각각의 장소들(갤러리)을 자신의 '집'으로 인식하며 그 소중한 집-영토에 대한 관념은 스스로의 자발적 귀속의식을 강화한다. 떠돌아다니는 유동적 실체들은 전쟁이라는 강압적 프로세스에 의해 복수의 장소들에서 어느 특정의 하나의 장소로 수렴해간다. 우리는 어떤 결정화(結晶化) 과정을 목격하게 되는데, 그것은 명확한 경계를 설정하고 요소들을 각각의 경계 내로 위치시킨다.

동시에 그런 결정화 과정은 서로 반대되는 원심력과 구심력의 운동을 자체에 함께 내포한다. 우리는 단지 갤러리들 사이에 벌어지는 전쟁을 통해 '갤러'(갤러리에 속한 자)의 전쟁만을 보는 것이 아니라 그 너머의 '디시인'의 전쟁을 같은 수준에서 인지해야 한다. 왜냐하면 디시와 그 외부와의 전쟁에서 사람들이 모두 하나의 '디시인'(디시에 속한 자)으로 통합해갈 때, 그 내부에서 한편으로 사람들이 서로의 동등한 개별성을 보존하는 것은 정확히 동일한 결정화 과정을 통해서이기 때문이다. 이제 사람들은 지속적인 전쟁 수행을 통해 '갤러'가 되어가며 또한 '디시인'이 되어간다. 따라서 이곳에서 사람들의 장소에 대한 관계는 수렴적일 뿐만 아니라, 그와 동등한 수준에서 발산적이다.

한편, 행위가 발생하는 한정된 상황을 부분적으로 지시하는 장소는 운동 상태의 제약을 수반하며, 그것에 개입하고, 그것을 규정한다. 좀 더 정확히 말하면, 그것(장소성)은 그 내부에 귀속되는 사람들의 존재 양태를 규정한다. 우리는 어떤 장소에서 어떤 존재 양태로 출현할 수밖에 없다. 이 시점에서 우리가 인지하는 것은 존재 양태의 다양성이다. 이제 개별 장소들의 범주는 일차적으로 사람들을 규정해 들어오는 어떤 상황의 논리로 이해되는데, 그것은 객체적 의미의 경제적 결핍 또는 사회구조적 소여의 문제라기보다 존재 양태의 다양성에 관한 규정이다. 따라서 그러한 논리는 어떤 경우들에서 곧바로 사람들이 설정하는 분리규정의 문제와 맞닿아 있다. 그렇다면 현존하는 장소성은 그에 속한 사람들의 장소화 작용에 영향을 미친다.

이런 인식은 사이버스페이스의 인류학을 수행하는 방법론의 문제와도 일정하게 관계된다. 우리는 사이버스페이스 상의 존재에 대한 대면이 그 장소 밖의 '어딘가'에서 온전히 가능할 것이라고 기대할 수 없다. 예를 들어 디시인사이드 상에 출현하는 어떤 '이름'에 대해 그를 연구한다는 명목으로 그 장소 밖 누군가의 고정된 '현실' 정체성을 상정한 채 그와의 일대일 매칭 작업을 수행하는 것은 오히려 비과학적일 수 있으며, 더욱이 그런 방식이 조사 결과의 실질적인 정확성을 담보해 주지도 않는다. 왜냐하면 그 장소 밖의 누군가는 또 다른 장소적 제약성의 맥락 속에서 이제 서로 구별되는 행동패턴을 보일 것이기 때문이다. 내가 생각하기에 사이버스페이스를 인류학적으로 연구한다는 것은 무엇보다 그 구분되는 장소들에서 현실화된 집단 속 사람들의 생각에 직접 접속하는 것이며, 그 내적인 맥락을 가시화하는 것이다.

우리가 공간과 장소 사이에 분리적 관계를 설정하고 공간으로부터 장소를 식별해냄으로써 얻는 중요한 수확은 서로 구분되는 개별 장소들을 하나의 동일한 차원에 위치시킬 수 있다는 점이다. 지금의 주제와 관련해 그것은 사이버스페이스 상의 장소와 현실의 장소를 모방과 재현의 관계로 정립하는 것이 아니라 서로를 동등한 수준에서 대면시킨다. A라는 장소에서의 행위 양상을 이야기하기 위해 B라는 장소성을 우선적으로 고려하는 것이 넌센스라면, 우리는 사이버스페이스와 현실의 구도에서도 마찬가지로 말할 수 있어야 한다. 사이버스페이스의 인류학은 자신의 독자적인 필드를 가지며 그것은 현실 공간에 부차적인 것으로 간주돼서는 안 된다. 사실상 같은 맥락에서 이렇게도 말할 수 있다. 각각의 장소들이 상호간에 일정한 영향을 주고받는 한, 사이버스페이스의 인류학은 또한 현실의 영역과 사이버스페이스의 영역을 가로지른다. 그것이 가시화하는 것은 어쩌면 또 하나의 유동적 장소인데, 서로 다른 영역에 놓인 장소들의 상호 작용으로부터 현실의 어떤 공간은 가상적이지만 실재하는 공간 영역과 겹쳐진다.

2부 크리틱

4장

지식의 한 형태인 기계비평의 위상에 대한 생각

이영준

1. '기계비평'의 태도

나는 2005년부터 '기계비평가'라는 타이틀을 걸고 글을 쓰고 강연을 하기 시작했다. 그 결과로 『기계비평-한 인문학자의 기계문명 산책』, 『기계산책자』, 『페가서스 10000마일』 등의 책이 나왔다. 그리고 최근에는 그간 '사진비평', '이미지비평' 등의 직함이 아닌, '기계비평'이라는 직함으로 강연을 해달라거나 원고를 써달라는 청탁이 들어오고 있다. 물론 기계를 전문으로 다루는 기관은 아니고, 대부분 인문학이나 예술분야에서 들어오는 청탁들이다. 아직은 "여보세요, 해동기계인데요, 저희가 최근에 만든 항공기 보조동력장치에 대해 비평해 주시면 감사하겠습니다" 같은 청탁은 들어온 적이 없다. 아마 앞으로도 없을 것이다. 거기에는 두가지 이유가 있다. 첫째로는 기계를 전문적으로 다루는 회사들이 비평적 담론을 필요로 하지 않는다는 것이다. 대한항공의 목적은 항공기를 운항하여 돈을 버는 것이다. 그들에게는 '항공사의 수익모델은 무엇인가', '항공안전을 지키면서 수익을 극대화하는 방법은 무엇인가' 등의 질문이 필요하지 '항공기란 무엇인가', '인간은 왜 하늘을 나는가' 등의 질문은 필요가 없다. 둘째 이유는 나 자신의 능력이 기계를 공학적으로 파고 들어 이해할 정도가 되지 않는다는 것이다. 기계에 대한 나의 지식의 수준은 매니아 수준이다. 결코 전문가 수준은 아니다. 하지만 그래도 나는 기계비평이라는 것을 한다. 오늘도 기계는 대지를 가득 메우고 세상의 주인 노릇을 하고 있다. 그것들이 어떤 의미가 있는지 파헤쳐야 한다고 생각하기 때문에 나는 기계비평을 계속 하고 있는 것이다.

하지만 내가 어떤 종류의 비평가인가 하는 정체성의 고민은 계속된다. 기계비평은 계속될 것인가, 이제까지 해온 기계비평이 사상누각은 아닌가, 나는 과연 공학지식을 어느 정도나 습득할 수 있는가 등의 물음이 계속 튀어나온다. 이 질문들 중 어느 것도 가까운 시일 내에 명쾌하게 대답될 수 있는 것은 없다. 나에게 가장 어려운 부분은 기계비평이라는 것이 있어야 할 현실적인 요구가 전혀 없다는 것이다. 기계를 만들고 운용하는 어떤 업체도 나의 비평을 필요로 하지 않을 것이다. 잘 설계해서 만들고 정비해서 사용하고 개선해서 또 만들면 그만이기 때문이다. 하지만 나는 1987년 무렵 사진비평을 시작할 때도 기존의 비평의 틀을 따라 하지 않았다. 비평이란 예술작품에 대한 사후반응이라는 것이 통념이었지만 우선 나는 예술작품으로서의 사진을 비평의 대상으로 삼지 않았다. 내가 관심 있는 사진은 그때나 지금이나 누가 찍었는지 모르지만 미디어에 실려서 사람들에게 큰 영향을 행사하는 것들이다. 2006년 이라크의 아부 그라이브 형무소에서 미군들이 이라크 포로들에게 했던 가혹행위의 사진들이 그런

예이다. 그때나 지금이나 나는 작가 없는 사진에 관심 있었다. 물론 간혹 작가들의 사진에 대해 비평을 하는 경우가 있었으나 그것은 작가의 독자적인 주체성 때문이 아니라 그들의 사진이 예술 바깥의 사진들— 보도, 광고, 기록, 기념— 과 맺고 있는 참조관계 그리고 그 관계의 역동성 때문이다.

그런 폭넓은 이미지로서의 사진에 대한 비평적 관심에서 이미지비평이 나오는 것은 당연한 일이다. 사진은 이미지라는 더 넓은 테두리에 속하는 것이고, 더 넓은 이미지의 영역을 탐색해보자는 생각이 들었기 때문이다. 그 결과 『이미지비평』, 『이미지비평의 광명세상』 등의 책이 나왔다. 기계비평은 이미지비평의 연장선상에 있다. 어차피 내가 접하는 기계는 이미지이다. 나는 공학적 지식을 통해 기계를 접하는 것이 아니라 이미지와 담론 등의 표상을 통해 접한다. 기계에 대한 나의 이해는 결국 이미지에 대한 접근에서 나온다. 이미지를 다루면서 왜 저런 이미지들이 나오게 됐는가, 저 이미지가 표상하는 것은 무엇인가에 대한 질문들이 나를 이미지와 기계의 사이에 놓여 있는 지점으로 이끈다. 내가 엔지니어와 다른 것은 기계에 대한 담론들을 만들어내어 사람들에게 기계의 본질을 전하는 매개자의 노릇을 한다는 점일 것이다. 결국 기계비평가의 정체성은 그런 매개자 노릇을 얼마나 해내느냐에 달려 있다. 이 시점에서 다음과 같은 윤원화의 질문은 나에게 많은 것을 생각나게 해주었다.

[라면 앙상블]의 도록이라 할 수 있는 [라면학]을 보면, 이영준이 기계비평가이자 "꿀벌과학재단 이사장"으로서 투고한 "라면이라는 프로그램, 혹은 블랙박스"라는 글이 맨 첫머리에 들어 있다. 라면에 대

한 기계비평적 접근의 필요성으로 출발하여 라면과학의 가능성을 선언하는 것으로 끝나는 이 멀쩡하게 이상한 글은, 아주 약간만 편집되어 [기계산책자]에 "비만 문제에 대한 기계비평적 비판"이라는 제목으로 재수록되었다. 기계비평가 이영준과 '비평과학자' 이영준의 거리는 무서울 정도로 가깝다. 이것은 기계비평가의 허구적 속성을 은밀히 폭로하는 것일까, 아니면 허구적 도플갱어와 대면해도 부서지지 않을 만큼 견고해진 기계비평가의 자기 과시일까? 어느 쪽이든, 독자로서는 기계비평가 이영준의 다음 '퍼포먼스'를 기대하게 된다. (윤원화 http://artfolder.saii.or.kr)

이로부터 다음과 같은 질문들이 도출됐고 나를 따라다니게 됐다. 나는 어떤 종류의 비평가인가? 내가 하는 비평은 과연 성공할 것인가? (의미적으로, 세속적으로) 나아가, 나는 다음과 같은 진지한 질문도 던진다. 기계비평이란 정말 존립할 수 있는가? (설득력, 필요성, 레퍼런스, 비평의지 등 면에서) 그래서 이제까지 내가 해온 비평 행위에 대해 성찰해보기로 했다. 그래서 스스로를 기계비평가라고 자처하는 태도란 어떤 것인가 생각해보기로 했다. 이제까지 기계를 비평한다고 하는 나의 태도는 기계를 비평한다기 보다는 기계에 덤벼드는 태도라고 할 수 있다. 덤빈다는 것은 위험한 일이다. 내가 덤벼드는 저 괴물의 실체가 무엇인지 모르고 달려드는 것이기 때문이다. 먹이를 노리는 호랑이에게 토끼가 덤볐다가는 곧바로 죽음을 당한다. 하지만 어떤 때는 그냥 덤벼드는 것이 일을 되게 할 때도 있다. 덤벼서 상대의 속성을 파악하고 그 안에 들어가서 이겨낼 방법을 찾을 수 있기 때문이다.

2. 비평적 지식의 일 형태로서 기계비평

기계 자체에 덤벼드는 것 자체는 가끔 위험할 수도 있다. 기계는 많은 위험을 수반하고 있다. 연필 깎는 칼에 손을 베는 것에서부터 프레스기에 손가락이 절단되는 작은 사고에서부터 공사장에서의 추락사, 나아가 원자력발전소의 핵누출에 이르는 온갖 스케일의 위험들이 기계에는 잠재해 있다. 실제로 컨테이너선을 타고 항해하는 일에는 위험이 따른다. 따라서 기계에는 섣불리 덤비면 안 된다.

하지만 더 큰 문제는 기계는 물질적인 덩어리만은 아니라는 것이다. 기계는 지식의 덩어리이기도 하다. 그 지식은 세 가지 정도로 나눌 수 있는데, 첫째는 기계를 만들어낸 역사적 지식이다. 즉 비행기는 어떤 경로로 발명됐느냐 하는 것이다. 그런데 이 지식은 간단치 않고 많은 논쟁을 품고 있으니, 비행기는 단순히 라이트형제가 어느 날 퍼뜩 생각이 나서 발명한 것은 아니기 때문이다. 사실 라이트형제가 정말 비행기의 발명자인가 하는 의문에서부터, 모든 기계의 탄생에는 많은 논란들이 있다. 그것은 특정 발명에 대해 어떤 아카이브를 뒤지느냐에 따라 다른 결과가 나오는, 유동적인 역사이다. 그리고 사회적인 논란 말고도, 어떤 기계가 나오고 정당화 되는 과정은 담론적으로 매우 복잡하다. 이에 대해서는 장하석의 *Inventing Temperature*나 *Is Water H2O?* 같은 책들이 잘 다루고 있다. 또한 마르코니에 의한 무선전신의 발명에 대한 홍성욱의 논지도 이런 복잡한 담론을 잘 보여주고 있다(Sungook Hong, 2001). 따라서 기계에 대한 역사적 지식은 넓고 격랑이 이는 바다를 이루고 있다. 이 바다에는 어느 정도 덤빌 수 있다. 레퍼런스를 쌓아놓고 읽으면 된다. 하지만 이 연구자들이 쌓아놓은 지식과 그에 연관되는 담론들이 상당히 복잡하기 때문에 여기 덤빈다는 것은 쉬운 일이 아니다. 내가 기껏 할 수 있는 일이라곤 그 바다의 한쪽 끝에서 파도에 발을 살짝 담그는 정도일 것이다.

그 다음 지식은 물건으로서의 기계 자체에 대한 공학적 지식이다. 자동차 같으면 구조공학, 재료공학, 동역학, 유체역학, 연소공학, 인체공학 그리고 요즘은 인지과학 등의 지식이 필요할 것이다. 그런데 이 지식은 전문가가 아닌 한 이해하는 데 한계가 있다. 따라서 이 지식에는 발을 담그는 정도가 아니라 파도의 끝을 살짝 들여다보는 정도 밖에 안 될 것이다.

세 번째 지식은 사용경험에서 나오는 것이다. 이는 단순히 기계사용자의 경험만을 말하는 것이 아니라, 기계가 사용되면서 애초에 설계됐던 가치는 탈구되고 새로운 가치와 기능이 덧씌워지는 것을 말한다. 안소니 던이 말한 기생기능이 그런 개념이다.

이런 점에 비추어 볼 때 기계비평은 비평적 지식의 한 특수한 형태이다. 그런데 비평적 지식은 정지상태에 있지 않고 항상 움직인다. 즉 실행되는 지식이다. 나는 퍼포먼스의 형태로 비평적 지식의 실행을 관객 앞에서 보여줬다. 내가 했던 두 편의 퍼포먼스 〈조용한 글쓰기〉(2010년 4월 6, 7일 아르코 소극장)와 과학퍼포먼스 〈라면 앙상블〉(2012년 3월 28, 29일 국립극단 백성희장민호 극장)에 대해 자기분석을 해보면 내가 어떤 식으로 비평적 지식을 실행했는지 성찰해볼 수 있을 것이다. 본인이 참가했던 퍼포먼스에 대해 시간이라는 거리를 통해 소격된 시점에서 해석해보는 것은 왜 비평가가 퍼포먼스를 했는가 하는 이유에 대한 해석이기도 하고 퍼포먼스의 의미는 무엇이었는가에 대한 해석이기도 하다.

아리스토텔레스적 연극을 지양하고 새로운 형태의 다양한 퍼포먼스들을 선보이는 실험적인 장인 페스티벌 봄에 초대된 이 두 퍼포먼스의 공통점은 '지식의 수행성'(performativity)을 보여준 점에 있다고 할 수 있다. 지식은 책에만 쓰여 있거나 머리 속에만 있는 관념에 그치는 것이 아니라 실제의 제도적 공간에서 어떤 작용을 하면서 효력을 발휘하고 있음을 보여주려는 것이다. 그리고 무엇보다도, 지식이란 그 자체로 어떤 의미를 가지는 것이 아니라 언표행위처럼 수행될 때 의미를 가진다는 점도 중요하다.

물론, 글쓰기와 과학실험이 이루어지는 실제의 공간과는 다른 연극 무대라는 제도적 틀 안에서 벌어진 퍼포먼스로 지식의 수행성을 충분히 보여줄 수는 없었으나, 적어도 '지식은 수행되는 어떤 것이다'라는 점은 보여줬다고 생각한다. 두 번의 공연은 양일 다 매진될 정도로 관심을 끌었는데, 그것은 항상 새로운 포맷의 국내외의 실험적인 공연을 선보인 '페스티벌 봄'의 일부로 공연됐기 때문이었다. 이 퍼포먼스들은 무엇보다도 페스티벌 봄이라는 플랫폼이 있었기에 가능했었다는 점도 중요하다. 지식은 아무 데서나 수행되는 것이 아니라 특정한 조건이 갖추어진 제도적 틀 안에서 수행되는데, 지식 퍼포먼스를 보여줄 수 있는 곳은 페스티벌 봄 밖에 없기 때문이다.

〈조용한 글쓰기〉는 대단히 단순한 포맷의 퍼포먼스이다. 그것은 아무런 세팅도 없는 공연장에 테이블을 놓고 컴퓨터 앞에서 본인이

비평문을 쓰는 퍼포먼스였다. 관객은 스크린에 비친 화면을 보며 글씨들이 전개되어 글을 이루는 것을 보게 된다. 이때 퍼포머는 사실 글 쓰는 비평가라기 보다는 스크린 위에서 전개되는 글 혹은 글씨라는 기표 자체이다. 이 퍼포먼스에서 본인은 나중에 본인의 졸저『기계산책자』에 실리게 될 글 "명박산성, 저열하지만 뜻깊은 기계"를 썼다. 퍼포먼스를 라이브로 만들기 위해 이 글은 미리 써놓지 않고 머리 속에 들어 있는 시놉시스에 따라 그 자리에서 썼다. 관객들은 비평가의 생각이 어떻게 글로 나타나는지 볼 수 있었다. 사실은 생각이 나타나는 것을 보는 것이 아니라 생각이 나타나려다 지연되고, 망설이고, 지워지고 고쳐지면서 누더기 같은 상태로 완성되는 과정을 보는 것이었다. 즉 글이라는 것이 하나의 수미일관한 외관을 가지고 있다는 것이 거짓임을 보여주려는 것이었다. 그것은 롤랑 바르트가 "저자의 죽음"에서 제기한 물음에 대한 화답이기도 했다. 즉 그는 저자가 글을 쓰면서 여백에 써놓은 낙서들, 노트들, 주석들도 저자의 글의 일부인가 하고 묻는다. 그러면서 저자란 결국은 선험적인 존재가 아니라 글이 완성된 후 뒤늦게 붙여지는 이름일 뿐이라고 한다.

〈조용한 글쓰기〉에서 보여주려고 했던 것이 바로 저자의 죽음이었다. 이 세상에 알려진 비평가 이영준은 없고 머뭇거리고 망설이고 지우고 다시 쓰고 딴청 피우는 기표들만이 있음을 보여주려고 했었다. 그리고 그가 어떤 레퍼런스들을 짜집기하여 글을 만들어내는지 보여주려고 했다. 그러나 그런 과정을 보여주는 것 자체가 공연의 내공을 필요로 하는 일이었다. 강의경험이 없는 사람이 강의할 때 긴장하여 청중을 살필 겨를이 없어서 말을 너무 빨리 해버리듯이, 〈조용한 글쓰기〉는 두 시간 동안 쉬지 않고 글만 써내려 가는 것으로 끝났다. 그래서 그 다음날의 공연에서는 "선풍기와 제트엔진의 차이"라는 글을 쓰면서 시간은 줄이고, 일부러 헤매는 모습을 더 보여줬다.

머뭇거리는 것을 보여줄 여유조차 없어서 글만 써내려 가는 자신을 보여주는 것이 더 잘 된 것인지, 어느 정도 여유를 찾아서 머뭇거림을 연기하는 것을 보여주는 것이 더 잘 된 것인지는 판단할 수 없다. 중요한 것은 수행성은 한 겹의 정의나 기준으로 판단할 수 없다는 사실이다. 지식의 수행성이란 단일한 프로토콜이나 명령에 의해 이루어지는 것이 아니라 여러 가지 힘들의 조합과 상호작용이 만들어내는 결과이다. 그 힘들은 때로는 하나의 퍼포먼스 안에서 상충하기도 한다. 그런 모습이 드러날 때 관객들은 흥미로워 했다. 한참 쓰던 글을 갑자기 지워버렸을 때 관객들은 놀라고 흥미로워 했다. 그런데 그것은 어느 정도는 연출된 결과였다. 비평가가 정말로 글 쓰는 과정의 긴장과 혼란과 머뭇거림을 보여준다는 것은 쉽지 않을 일이다.

그것은 흡사 일본 가부키에 나오는 온나가타(女形)를 연상시킨다. 여자배우를 쓰지 못하게 함으로써 생겨난 온나가타는 남자를 여자처럼 보이게 하려는 연극적 변형에서 나왔다. 남자배우는 특정한 양식을 씀으로써 여성을 표상한다. 예를 들어 온나가타는 무대에서 남자배우보다 앞으로 나와서는 안 된다. 이것은 원근법을 이용해 온나가타를 조금이라도 작게 보이려는 것이다. 그리고 소맷부리 밖으로 손목을 내밀지 않는다든지, 무릎을 떼지 않는 것도 여자처럼 보이기 위한 기교이다. 나카무라 토미주로라는 유명한 온나가타가 있었는데, 그가 처음으로 무대에서 안짱다리 걸음걸이를 했을 때 그 자태가 너무나 여자답고 나긋나긋해서 일반 가정의 부인들도 이것을 본뜨게 된 것이다. 온나가타에 대해 재미있는 일화는, 신극에서 온나가타를 잘 하는 남자배우를 구하기 어려워 여자배우를 쓰게 됐는데 그녀는 여자 역할을 제대로 하지 못하더라는 것이었다. 이는 무엇을 의미하는가? 퍼포먼스에서 관객이 진실이라고 믿는 것을 보여주기 위해서는 상당 한 정도의 허구적 가공이 필요하다는 뜻이다. 비평가 이영준은 실제 로 머뭇거리고 헤매는 비평가를 보여주기 위해서 좀 더 연기를 했어 야 했다. 그러나 생전 처음 남들의 시선 앞에 노출되어 글 쓰는 모습 을 보여주는 비평가 이영준은 그 연기를 제대로 해낼 수 없었다.

사람은 누구나 걷지만 영화 속에서 걷는 연기가 아주 어렵듯이 실제 로 글을 쓴다는 것과 공연에서 글을 쓰는 모습을 보여주는 것은 완전 히 다른 일이다. 〈조용한 글쓰기〉의 숨은 뜻은 그런 차이를 확인하는 일인 것 같다. 그것은 지식을 퍼포먼스 한 것이 아니라, 지식의 수행성 을 보여준다는 것이 무엇인가를 드러내는 일이었다고 할 수 있다.

이 퍼포먼스의 부수적인 효과는 비평가가 앉아서 글만 쓰는 사람 이 아니라 무대라는 드러난 공간에서 퍼포먼스도 하는 존재로서 비 평가의 정체성을 새롭게 설정한 것이기도 하다. 무대에서 퍼포먼스 하려면 그에 맞는 프로토콜에 따라야 하는데, 그것은 관객에게는 보 이지 않는 것들이지만 보이는 퍼포먼스를 이루기 위해 반드시 있어 야 할 중요한 요소들이다. 무대에서의 공연제작에는 글쓰기나 전시 기획에는 없는 몇가지 프로토콜이 있고, 그것은 두 활동과는 전혀 다 른 종류의 긴장을 유발한다. 무대에는 조명감독과 무대감독이 있고, 리허설이라는 것이 있으며, 불을 쓰면 안 된다든가 하는 몇 가지 안

전수칙이 있다. 그리고 무엇보다도, 공연의 시작과 끝이라는 준엄하고 결정적인 시간의 차원이 있다. 좀 과장되게 말하면 이는 한 생명의 탄생과 죽음에 비견될 수 있을 만큼 준엄하다. 공연이 딱 시작됐는데 다시 하겠다거나 오늘은 못 하겠다고 할 수 없는 것이다. 결과가 나온 후에도 얼마든지 수정이 가능한 글쓰기나 전시와는 달리, 무대에서 벌어지는 일은 반복도 수정도 불가능하다. 무대의 긴장은 모두 여기서 유발된다. 이것은 글이나 전시로 발휘되는 지식의 퍼포머티비티와 근본적으로 다른 성격의 것이다. 사실 이 부분은 관객은 눈치 채거나 느낄 수 없고, 오로지 퍼포머만이 느끼는 것이다. 따라서 퍼포먼스의 모든 효과는 퍼포머 자신에게 응축됐다고 할 수 있다. 그것은 비평가가 평소에 체험할 기회가 없는 긴장이다. 긴장감이 아니라 긴장이라고 쓴 이유는 단순히 심리적인데 한정하는 문제가 아니라 '비평가의 실존 ─그의 기표들─ 무대라는 공간의 특성 ─무대의 프로토콜─ 페스티벌 봄의 성격과 전략'으로 이어지는 여러 힘들 사이의 긴장이기 때문이다. 그런 힘들의 경쟁과 상쇄 속에서 비평가는 방 안에 혼자 앉아서 글 쓸 때와 다른 주체가 됐음은 분명하다.

3. 무대 퍼포먼스를 통해 본 '과학' 지식의 수행성

글쓰기 공연의 긴장과 머뭇거림이 채 해소되기도 전에 본인은 전혀 다른 공연을 하게 된다. 그것은 과학 퍼포먼스 〈라면 앙상블〉이었다. 지식의 퍼포머티비티를 보여준다는 점에서 이 공연은 〈조용한 글쓰기〉와 비슷한 것이었다. 이번에는 그 영역이 과학적 지식으로 바뀌었을 뿐이다. 본인은 이를 '과학과 예술의 융합'이라는 식의, 이제는 클리셰가 돼버린 낯간지러운 타이틀로 불리기를 원치 않는다. 왜냐하면 이 퍼포먼스는 과학과 예술을 융합하여 하나로 만들려는 시도가 아니기 때문이다. 그것은 오히려 과학 속에 들어 있는 예술적 요소와 예술에 들어 있는 과학적 요소를 찾아내려는 시도였다. 여기서 '예술'이라는 일반화된 명사를 사용하는 것은 사실 적절치 않다. 정확히 말하자면 과학 속에 들어 있는 퍼포머티브한 측면, 즉 수행적인 측면을 찾아내어 보여주는 것이 이 퍼포먼스의 특징이었다고 할 수 있다. 그 전제는 모든 지식은 수행적이라는 점이다. 즉 지식은 가만히 있지 않고 어떤 제도의 장에서 활동하며 뭔가 효력을 발휘한다. 그것이 관념론 철학이든 유전공학이든 지식은 수행적이다. 다만 지식의 분야에 따라 수행의 장과 양상이 다를 뿐이다. 과학적 지식은 과학자 사이에서 생산되고 효력을 발휘한다. 다른 지식과 달리 과학적 지식이 수행될 때의 특징은 그 장이 매우 폐쇄적이라는 점이다. 과학을 이해하고 평가할 수 있는 사람은 과학자와 인접분야, 즉 과학사와 과학철학자, 과학사회학자 등 전문가뿐이다. 물론 일반인에게도 효력을 발휘하기는 하나 과학자 공동체에서 발휘되는 것과는 양상이 완전히 다르며, 엄밀히 말하면 일반인들 사이에서 유통되는 과학은 지식이 아니라 과학에 대한 신비화일 뿐이다. 맞춤형 줄기세포 연구로 난치병을 치료할 수 있다고 하여 많은 사람들에게 헛된 희망을 안겨줬던 황우석 사태는 그런 가장 극단적인 사례이다. 과학적 지식의 수행성은 무엇보다도 실험실에서 이루어진다. 단, 실험을 필요로 하지 않는 이론물리학은 여기서 논외로 한다. 하지만 그것도 폐쇄된 과학자 사회에서 수행된다는 점에서는 마찬가지이다.

〈라면 앙상블〉은 과학적 지식의 수행성의 특수한 사례로 과학 퍼포먼스의 역사적 전거를 차용한다. 그것은 로버트 보일이 1768년 진공을 증명하기 위해 진공펌프 안에 새를 넣어서 보여주었던 쇼나, 에디슨이 교류전기의 위험성을 보여주기 위해 20세기 초반 콜럼비아 대학 실험실에서 아무런 기준도 없이 개가 죽을 때까지 교류전기를 흘렸던 엉터리 퍼포먼스 등, 여러 가지 대중적 과학 쇼와 맥이 닿아 있다. 에디슨의 대중 퍼포먼스 중 가장 악명 높은 것이 1903년 서커스단원들을 밟아죽인 코끼리 텁시를 교류전기로 처형함으로써 교류의 위험성을 선전하려던 것이었다.

〈라면 앙상블〉은 과학이 실험실이나 연구실 안에서만 수행되는 것이 아니라 대중들 앞에서 쇼의 형태로 수행된다는 사실에 착안하고 있다. 그러나 〈라면 앙상블〉은 과학자 공동체 내부의 과학지식에 초점을 맞춘다. 〈라면 앙상블〉이 선택한 소재는 라면이었다. 이 퍼포먼스에는 비평가(이영준)와 네 명의 과학자(서울대에서 과학사 및 과학철학을 전공하는 석사 및 박사과정 학생들), 두 명의 예술가(김나영과 그레고리 마스)가 참여했다. 이들은 각각 다른 주체적 위치를 가지고 퍼포먼스에 참여한다. 과학지식을 생산하는 사람(과학자), 과학의 표상과 메타담론의 수준에서 해석하는 사람(비평가), 과학지식의 수행성을 읽어내고 효과를 극대화하는 사람(예술가) 등 다른 입장을 가지고 접근하는 것이다. 이 세 가지 부류의 사람들이 가진 공통점이라면 객관적 지식이라는 과학의 신화를 비판적으로 보고 있다는 점이다. 즉 이들 중 누구도 과학을 그대로 믿어버리지 않는다. 비평가는 평소에 다양한 사물들에 대한 담론을 비판적으로 해석하는 습관으로부터, 과학자들은 과학의 내부로부터 과학을 성찰해온 습관으로부터, 예술가는 모든 사물들을 감각적으로 성찰하는 습관으로부터 라면에 대한 과학적 담론에 접근한다.

라면이 퍼포먼스의 소재로 떠오른 이유는 가장 보편적으로 소비되는 음식이면서 가장 과학적으로 접근하기 어려운 음식이기 때문이다. 즉 일반인에게 라면은 과학의 블랙홀과도 같다. 그것이 무엇으로 돼 있는지도 모르면서 마구 소비하기 때문이다. 라면은 일상적으로 소비될 뿐만 아니라 과학적으로도 소비된다. 그러나 라면의 과학적 소비는 눈에 보이지 않는다. 그것이 과학적으로 소비된다는 사실 자체도 인식되지 못한다. 〈라면 앙상블〉의 참여자들은 과학 퍼포먼스를 통해 라면에 대한 지식의 수행성을 보여주려 한다. 과학퍼포먼스라는 역사적 형태를 차용하여, 〈라면 앙상블〉의 참여자들은 라면에 대해 과학적으로 분석한 결과를 퍼포먼스를 통해 발표했다. 즉 그것은 학술발표의 형식을 띤 퍼포먼스였다. 이 퍼포먼스를 통해 관객들은 과학이라는 것이 실험실에서만 만들어지는 것이 아니라 대중적인 공론의 장에서도 만들어지고 실행되는 것임을 알게 된다.

퍼포먼스는 총 네 개의 과학적 발표로 돼 있다. 각각의 부분들은 라면에 대해 뇌과학적, 행동심리학적, 유전자생물학적, 비평과학적 방법으로 접근한다. 네 명의 연구자들은(서울대 과학사 및 과학철학 전공자들) 자신들이 평소에 라면에 대해 연구한 것을 논리정연한 프레젠테이션의 형태로 보여주었다. 각각의 발표는 자기 분야에서 그

동안 라면에 대해 진행됐던 연구성과를 토대로 하여 21세기의 사람들이 라면을 소비하는 패턴을 분석하여 어떻게 라면에 대한 과학적 진리가 도출될 수 있을 것인지 보여준다.

각 발표가 공동으로 다루는 것은 라면의 성분 분석이다. 이는 물리적이고 화학적인 성분만이 아니라 영양학적, 문화적, 심리적 성분들을 포괄한다. 이 분석을 토대로 각 화학성분들이 어디에서 온 것이고 그것들의 성분은 또 어떻게 되는지 트리를 그리게 된다. 뇌과학적 접근은 라면맛을 인지하는 세포가 뇌의 어느 부분에 있는지 FMRI촬영 결과를 토대로 발표할 예정이다. 이를 통해 라면맛이란 우연히 얻어진 것이 아니라 인간의 뇌의 특정 부분에 고유한 인지소자를 가지고 있음을 밝혔다. 행동심리학적 접근은 라면 한 봉지를 두고 인간이 어떻게 나눠 먹거나 다투거나 하는 행동의 패턴이 나오는지 동물의 행동심리학을 토대로 하여 밝혔다. 이 연구를 통해 라면을 소비하는 인간은 바나나를 소비하는 침팬지와 크게 다르지 않은 행동패턴을 가지고 있음을 보여주었다. 유전자생물학적 접근은 라면의 특정 성분이 어떤 약의 효과를 높여줄 수 있는지, 혹은 수술 후에 몸 상태를 회복하는 데에 필요한 성분이 있는지 알아보았다. 마지막으로 비평과학은 미디어에 나오는 라면소비 장면을 분석하여, 라면소비는 어떤 영상문화적 층위에 있을 수 있는지 밝힌다.

그런데 이 모든 내용들은 의사과학(pseudo science)이다. 즉 과학의 형태를 띤 거짓이었던 것이다. 혹은 라면에 대한 지식들과 행동과학, 뇌과학, 비평학 등 다른 분야의 지식들을 임의로 짜맞춘 것이다. 이를 본 관객들은 어디서부터 어디까지 과학이고 어디까지가 픽션인지 구별하기 힘들다. 왜냐하면 발표되는 전문적인 용어나 내용은 전문가가 아니면 판별하기 힘든 것이기 때문이다. 이때 가상의 발표내용에 무게를 실어주는 것은 바로 퍼포먼스의 태도이다. 하찮은 거짓도 진지한 표정으로 말 하면 믿어버리듯이, 흰 가운을 입은 과학자들(사실 이들은 모두 학부에서 과학을 실제로 전공했으나 지금은 과학사와 과학철학을 공부하고 있으므로 엄밀한 의미에서 과학자는 아니다. 과학에 대한 메타담론을 연구하는 자들이라고 해야 할 것이다)이 진지한 태도로 발표할 때 관객들은 대체로 믿어버린 것 같았다. 〈라면 앙상블〉이 말하고자 하는 것은 바로 과학적 지식이 수행되는 방식 그 자체였다.

이 퍼포먼스에 참여한 모든 사람들 중 누구도 퍼포먼스의 전문가가 아니었기 때문에 많은 시행착오가 있었지만 바로 그 점 때문에 퍼포먼스는 신선하게 다가왔다. 그것은 과학과 예술의 융합이 아니라 과학도 아니고 예술도 아닌 어떤 중간 형태의 지식의 수행성을 무대에 올린 것이었다. 기존의 과학연극이 과학을 소재로 하여 아리스토텔레스적 연극을 만들어냈다면, 〈라면 앙상블〉은 무대 위의 과학자들을 관찰하도록 돼 있다. 〈조용한 글쓰기〉가 비평가의 머뭇거림을 보여주려 했다면, 〈라면 앙상블〉은 과학자의 머뭇거림을 보여주려 했다. 비록 성공적이지는 못했으나 무대 위의 퍼포먼스를 통해 기계비평이 수행되는 양상에 대해 성찰해볼 수 있었다는 것은 중요하다. 이 퍼포먼스를 통해 나는 담론의 매개자로서 어떤 자리에 있어야 하는지 분명히 인식하게 됐다.

5장

대안 시간 체계를 사는 건 가능한가?

임태훈

1. 슬로시티의 SF

이 글의 아이디어를 얻은 것은 신안 증도(曾島)에 위치한 우전 해변 주차장이었다. 비수기 평일에 방문한 탓인지 주차장은 텅 비어 있었고 모래사장 역시 발자국 없이 말갛게 뻗어 있었다. 우리나라에서 '슬로시티(slow city)'로 지정된 지역은 총 열 군데이지만, 마음을 먼저 끌어당긴 지역이 증도였던 까닭은 어머니의 고향이 전남 신안이라는 인연이 없잖았다. 어려서 방학 때마다 신안 안좌로 자주 놀러 갔었다. 이 지역의 바다에 대해서라면 그립고 반가운 마음이 앞선다. 증도는 잘 보존된 갯벌과 염전, 해송 숲길의 풍광이 무척 아름다웠다. 이곳의 여행기를 적는 게 이 글의 목적이 아니라는 게 아쉬울 따름이다. '금연의 섬'이라는 엄청난 별칭답게 담배를 살 수 있는 데가 없고, 자연 풍광을 해칠 수 있는 3층 이상 건물도 없었다. 밤이면 불필요한 전등을 켜지 않아 관광객들이 별빛을 즐길 수 있게 배려한 점도 인상적이었다. 그런데 별이 총총한 밤하늘 아래 유난히 어두컴컴

한 땅을 둘러보니 '슬로시티'라는 공인된 브랜드를 얻지 못했다면 이 지역은 어떻게 되었을까 싶었다. 별수 없이 낙후된 갯마을의 하나로 잊히지 않았을까. 하루 이틀 쉬었다가는 관광객으로서야 '슬로시티'는 돈 들여 체험해볼 만한 색다른 장소일 테지만, 이곳 지역민들에게 '슬로시티'가 과연 어떤 의미일지 궁금했다.

1985년 이후로 증도의 인구는 계속 줄어들어서 거주 인구는 2,200여 명 수준에 불과하고 65세 이상 노령인구의 비중은 45%가 넘는다고 한다(신순호, 2006, 103쪽). 슬로시티 지정 전에는 사실상 텅 비어가던 섬이었다. 그러니 이 사업이 관(官) 주도로 진행된 것은 당연한 과정이었다. 지역 공동체와 자연이 공생해왔던 본디 속도와 역사적 리듬이 보존된 것이라기보다는 외지에서 찾아올 관광객들을 위해 애써 조율된 것이 이곳의 소위 '느림'이었다. 증도를 비롯해 슬로시티 지정 지역들은 대도시의 속도와 비교됨으로써 상품가치를 인정받는다. 인구 2,200명의 촌락을 '시티'(city)라 능칠 수 있는 까닭도 대도시의 지배적 질서에 묶여 있기 때문인데, 특히 대도시로 집중된 돈의 회로망에 집속된 장소라는 의미에서 증도는 도시의 바깥이 아니라 다른 층위에 배치된 곳이었다. 물리적 거리나 행정 구획쯤은 정보 자본주의의 그물망에서 그리 중요한 변수가 아니라는 건 새삼스러운 현상도 아니다.

증도에서 담배는 살 수 없을지 몰라도 신용카드를 사용할 수 있는 곳은 흔하디 흔했다. 휴대폰도 잘 터졌고 인터넷 접속도 어렵지 않았다. 위치 이동 정보를 송수신하는 스마트폰의 온갖 앱이 작동될 때마다 이용 정보는 전산망에 기록되었을 테고, 신용카드를 쓸 수 있다는 건 전자화된 화폐의 입출을 이곳까지 끌어들일 수 있음을 의미한다. 돈의 관점에서 봤을 때 증도는 조금도 느리지 않다. 이곳에서 사람들이 돈을 '사용'했다고 말한다면, 다른 곳에서의 소비와 마찬가지로 단편적인 사실을 가리킬 뿐이다. 인간은 꽃가루를 몸에 묻힌 꿀벌처럼 돈을 여기저기로 실어 나르는 매개이면서 일정 시간 돈이 머물렀다가 흩어지길 반복하는 크고 작은 터미널 구실을 한다. 흔한 이야기지만 돈 앞에 인간은 주체가 아니며, 이 사실은 슬로시티에서도 예외일 수 없다. 모실길의 도보여행 코스를 걷는 사람들이야 팍팍한 일상을 잊고 '힐링'이니 '웰빙'을 떠올릴지 모르지만 잠시의 여유에 불과하다. 다음에도 이런 곳에 여행 올 수 있으려면 돈벌이의 일상을 되풀이해야 한다. 돈은 그들이 얼마나 멀리 떠나 있건 노동의 장소로 소환하는 힘이며, 가계부채 1,000조 시대를 사는 부채인간들에게 돈의 흐름 바깥에 있는 관광지란 닿을 수 없는 신기루나 마찬가지다. 다시 말해 증도든 서울이든 자본이 허락한 속도와 리듬에 구속되어 있기는 마찬가지다.

우전해변 주차장에서 긴 한숨을 쉬며 메모한 것도 우울한 문장뿐이었다. 시대의 비참으로부터 현실 도피하려는 목적이 아니라, 사람들을 진정으로 해방할 수 있는 '느림' 혹은 '멈춤'은 어떻게 구해야 할까. 그것은 슬로시티 증도에만 부재한 그 무엇이 아니었다. 정보 자본주의의 그물망으로부터 빠져나올 방법을 찾지 못하는 한 어디로 향하든 어디에 머물든 우리는 늘 그 자리를 맴돌 뿐이다. 이 사실을 잊게 할 수 있는 효과적인 환영을 담은 상품이 있다면 장래는 그럭저럭 전도유망할 것이다. 슬로시티 증도가 부디 그런 의미에서라도 성공할 수 있기를 바란다. 그리하여 이 지역에 정착해 새로운 생활을 시작하려는 사람들이 많아졌으면 좋겠다. 어느 지역이 됐든 공동체의 자생적 역량이 강화되어 있지 않다면, 외지인이 와서 "뭘 해보면 좋겠네" 하고 아무리 떠들어봐야 공염불에 불과하기 때문이다.

증도에서의 일정을 마치고 집으로 돌아갈 때는 그래도 덜 우울했다. 평행우주의 다른 차원에 존재한다는 또 다른 가능성의 현실을 바라듯, 다른 버전의 슬로시티가 존재하는 세상을 상상했다. 아름다운 풍광이 이 상상에 반드시 전제될 필요는 없었다. 부채인간으로 득실거리는 구중중한 도시 변두리가 해방의 무대에서 제외될 이유가 없는 것과 마찬가지다. '슬로시티'는 차라리 SF적으로 다시 정의될 필요마저 있었다. 지난 졸저에서 이에 대해 쓴 적이 있는데, SF는 한 사회의 사회 문화적 상상력의 임계점을 지시한다. SF라는 개념은 그저 장르 용어의 하나쯤으로 한정되는 것이 아니라 시대의 증환을 읽는 척도일 수 있기에,[1] 제도화되고 상식화된 용어(또는 개념)을 SF적으로 재정의한다는 것은 그 말을 둘러싼 기존의 사회 문화적 배치의 해체와 재구성을 준비하는 사유의 시작일 수 있다. 슬로시티 운동이 처음 시작되었던 이탈리아 그레베 인 키안티(Greve in Chianti)의 '치타슬로(cittaslow) 선언문'에도 SF적인 요소가 아주 없는 것은 아니었다. 첫 줄에 이런 말이 적혀 있었다. "시간의 의미를 되찾은 상상력을 가진 사람들"[2] 그들은 이탈리아 그레베 인 키안티나 전남 신안 증

---

1) 'SF'에 대한 필자의 관점은 졸저 『우애의 미디올로지』(갈무리, 2012)에 수록된 「1960년대 남한 사회의 SF적 상상력: 재앙부조, 완전사회, 학생과학」에 본격적으로 전개되어 있다.
2) '치따슬로 선언문'의 전문은 다음과 같다. "여기 생명이 살아 숨 쉬는 고장/ 마당, 극장, 공방, 다방, 식당, 영혼이 깃던 풍요로운 장소들/ 이곳에 온화한 풍경과 숙련

도뿐만 아니라 멕시코 치아파스의 밀림 속에도 있었다.

1994년부터 투쟁을 계속해오고 있는 사파티스타 민족 해방군 (Ejército Zapatista de Liberación Nacional, EZLN)은 서구화되고 근대화된 멕시코 정부의 '시간'에 반기를 들었다. 한국을 비롯해 세계자본주의 일반에 적용되는 바로 그 시간에 반대한 것이다. 1995년 멕시코 정부와 사파티스타 간의 협상 과정에서 양측은 '시간'의 개념을 두고 또 다시 인식차를 확인하게 된다. 이 사건은 일면 개그 콘서트의 한 코너처럼 희극적이지만, 민중의 시간에 대한 통제와 수탈이야말로 자본주의의 핵심적인 양상임을 상기하게 한다. 협상 테이블에서 '자신들의 시간'을 존중받으려는 사파티스타의 입장은 강고했다. 치아파스 농민들의 시간은 유구한 세월에 걸쳐 형성된 고유의 생활 리듬과 박자를 반영한 것으로 모든 국민에 동시성의 원리를 강제하는 표준 시간 체제를 역으로 문제 삼는다. 1994년 1월 1일 사파티스타가 "이제 그만(!Ya Basta!)"이라는 구호를 선언했을 때, 신자유주의적 현대화 과정에서 부정되고 말살되어온 온갖 삶의 형태, 그 존엄성을 인정받고 지키기 위한 반란의 구호는 세계적 공명을 불러일으켰다. "이제 그만"을 외치는 투쟁의 자리마다 '시간'은 시계가 아니라 생생한 경험에 근거해 무수히 다르게 지각될 수 있다. 하지만 시간의 세계화는 서로 다른 시간의 다양성과 풍성함을 고갈시키고 있다. 다음의 인용문은 사파티스타 운동의 추이와 의미를 정리해온 존 홀로

된 장인들이 사는 고장/ 자비로운 계절의 변화가 주는 아름다움/ 향토 음식의 맛과 영향/ 의식의 자발성을 존경하고/ 여전히 느림을 알며 전통을 전경하는 고장... / 1999년 10월 그레비 인 끼안띠." 이 글은 국제 슬로시티 공동체의 공식 홈페이지에서 읽을 수 있다. http://www.cittaslow.kr/new/sub01_02_01.asp

웨이(John Holloway)의 글에서 발췌했다.

> 양측의 대화와 접근 방식의 차이는 때로 정부 협상자의 오만함과 국
> 가 대변인이라는 관점에서 비롯된 이해의 부족을 드러나게 했다. 이
> 것은 심지어 시간의 개념을 두고 표명되기도 했다. 라캉도나 정글
> 의 신통치 않은 통신 여건 그리고 '복종하면서 지도한다'(mandar
> obedeciendo)는 사파티스타의 원칙은 모든 것을 철저히 토론하는 일
> 을 필요로 해서, 결정에 이르려면 시간이 걸렸다. 정부 대표가 빠른
> 답변을 요구할 때마다, 사파티스타는 그들이 토착민의 시계를 이해
> 하지 못한다고 응수했다. "우리 인디오들은 이해와 결정, 합의에 이
> 르는 형식과 리듬이 있다"라고 사파티스타는 재차 설명했으나, 정부
> 대표는 상대를 놀리는 말로 응답했다. "우리는 당신들이 왜 그렇게
> 말하는지 이해 못 하겠소. 우리는 당신들이 일제 시계를 가진 걸 봤
> 단 말이오. 당신네가 일본제 시계가 아니라 토착민의 시계를 사용한
> 다고 어떻게 말할 수 있소?" (사파티스타의) 타초 사령관이 이 일을
> 평하길, "정부 대표는 배운 적이 없었던 겁니다. 그들은 우리를 거꾸
> 로 이해합니다. 우리가 사용하는 것은 시간이지 시계가 아닙니다."[3]

우리도 사파티스타처럼 시계가 아니라 시간을 사용한다고 자신 있
게 말할 수 있을까. 우린 어떤 시간 속에 살고 있는가. 이른바 표준
시간 체제는 국제 금융 거래의 대부분이 데이터베이스화된 화폐로
처리되는 현실에서 자본 시장 유지에 필수불가결한 전제 조건이다.
상호 환산 불가능한 복수의 시간 체계가 이 시스템에 동시에 공존하

---

3) Holloway(1998) 참고. 존 홀로웨이의 이 글은 '전태일을 따르는 민주노동연구소'에서
1999년에 내놓은 『새 천년 노동운동의 진로』라는 자료집에도 번역되어 있다. 하지만
아쉽게도 전문이 완역된 상태가 아니다. 위에 인용된 부분도 자료집 번역본에는 생략
되어 있다.

는 일은 있을 수 없다. 예를 들어, 1초의 길이가 불규칙하게 늘었다가 줄어든다면 데이터베이스의 입출력은 매번 오류를 일으켜 아무도 이 시스템을 신뢰할 수 없게 될 것이다. 하지만 고무줄처럼 늘었다 줄어드는 시간이란 우리의 의식 세계에서 늘 발생하는 현상이다. 인간의 뇌가 복수의 시간 패턴을 비교적 자연스럽게 인지할 수 있는 것에 비해, 자본은 초코드화 된 거대한 단일 시간 체제를 유지한다. 해프닝으로 일단락되긴 했으나, Y2K 문제는 각종 가전제품, 현금지급기, 신용카드, 교통신호, 비행기와 선박의 작동, 핵발전소의 가동과 전기 공급에 이르는 문명사회 전반의 정상적 운용이 컴퓨터 프로그래밍화 된 표준 시간 체제에 연동되어 있음을 대중적으로 각인시킨 사건이었다. Y2K를 묵시록의 동의어로 취급하던 시대는 지났지만, 국가 간의 무력 분쟁을 능가하는 파멸적 상황이 프로그램 오류나 타이머 오작동 때문에 일어날 위험은 여전하다. 가령 원자력발전소에서 그런 일이 벌어진다고 생각해보라. 무수히 많은 이들의 미래가 단 하나의 종말에 잇닿아 있다는 것이야말로 거대한 단일 시간 체제인 '자본'에 꿰매어 있는 우리들 시간의 비극이다. 파국의 순간에서야 시간에 대한 지배력이 진작에 우리 손을 떠나 있었으며, 다른 시간은 가져보려고도 하지 않았음을 아쉬워할 수는 없다. 그러나 그 모든 기계의 시간에 간섭받지 않고 순수하게 정제될 수 있는 인간의 시간이란 누구든 언젠가 죽음에 이르게 마련이라는 필연성 하나뿐이다. 사파티스타도 표준 시간 체제를 완전히 무시하고 활동하는 건 불가능하다. 하지만 표준 시간 체제를 상대화시킬 수 있는 시간의 다양성을 발굴하고 그 존엄성을 보존하는 일이란, 이 시대 우리에게 가능한 생활의 리듬과 박자, 속도, 하모니를 풍성하게 하는 일이다. 그것이 비록 지배질서를 당장에 전복시킬 위력을 발휘할 수 없을지 모르나, 누려본 적도 없이 빼앗긴 우리 삶의 가능성이 무엇인지 자각할 수 있게 할 것이다. 혁명의 시간은 그렇게 시작된다. 시대의 비참이 이토록 만연한데, 어째서 사람들은 분노하는 대신 조금 더 참고 있는 건지 궁금하다면, '시간'에 대한 질문을 형이상학이나 자기계발서의 주제쯤으로 치부하는 현실에 책임을 물을 법하다. 이를테면 '시간'은 신용카드를 긁고 카톡 창에 메시지를 두들겨 넣는 반복된 일상의 리듬과 별개가 아니다. 당신의 시간에 구조화되어 있는 행동 능력의 범위에선 무엇이 가능하고 불가능한가? 이것을 묻는 슬로시티의 SF를 1781년 쾨니히스베르크의 한 남자에게서 이어 나가보자. 그에게 우리는 이렇게 물을 것이다. 시간이란 무엇인가?

2. 보리수 길의 시간 공통체

믿거나 말거나 1781년 어느 여름 오후의 일이다. UFO가 프로이센의 항구도시 쾨니히스베르크(現 러시아 칼리닌그라드) 하늘에서 정지 비행을 하고 있었다. 마을 사람들은 이전부터 먼 구름 사이로 느리게 움직이는 하얀 점을 목격했지만, 눈여겨보는 이는 거의 없었다. 늘 보던 갈매기 떼이거나 눈에 티끌이 들어갔기 때문이려니 대수롭지 않게 여겼다. 하지만 UFO는 이 도시 사람들에게 무척 관심이 많았다. 특히 인간의 시간 체험이 자연계의 생물학적 · 생태학적 리듬을 비롯해 정치 체제와 제도에 내재한 시간의 박자[4]에 그물처럼 얽혀 있다는 사실은 아무리 들여다봐도 질리지 않는 호기심의 대상이었다. '시간'이야말로 인간을 인간 아닌 다른 모든 것들과 구별할 수 있는 결정적 가늠자였던 것이다. 오후 3시 반만 되면 산책에 나서는 한 남자를 관찰하는 일에 무려 수십 년간 성의를 쏟은 까닭도 인간의 시간을 이해하기 위해서였다.

이 남자의 이름은 임마누엘 칸트다. 1724년 4월에 태어나 1804년 죽을 때까지 고향 쾨니히스베르크에 살았다. 엄청나게 두꺼운 책을 쓰고 또 썼다는 것 외에 사생활은 단조롭기 그지없어서, 얼마 안 되는 봉급과 저작료로 독신 생활을 이어나갔다. 어쨌거나 하늘에서 내려다본 칸트는 쾨니히스베르크의 이차원 평면도 위를 움직이는 까맣고 작은 점에 불과했다. UFO의 시선에서 보자면, 칸트의 얼굴 생김보다는 정수리 숫구멍이 훨씬 친숙했다. UFO가 '쾨니히스베르크의 움직이는 까만 점' 칸트에게 관심을 쏟은 이유도 규칙적인 생활 리듬과 특유의 속도감 때문이었는데, 말하자면 쾨니히스베르크의 수많은 사람 중에서 걸음걸이로 UFO를 매혹한 건 칸트뿐이었던 셈이다. 어떤 의미에서든 대단한 자가 아닐 수 없다.

그는 산책에 나서기 전 오후 1시부터 3시 30분까지 무려 두 시간 반에 걸쳐 점심을 먹으면서 마을 사람과 이런저런 잡담을 나누는 일을 즐겼다. 이웃들과 어울리는 일도 철두철미한 시간 계획에 포함되

---

4) '리듬'은 일정하고 조화롭고 규칙적으로 반복되고 체계적으로 구성된 움직임의 경과를 의미한다. 그것은 살아있는 생명체의 근본적인 발달 원칙을 표현한다. 또한 시간을 구분할 수 있는 기준이 되기도 하다. 그러나 '박자'가 하듯이 시간을 쪼개지는 않는다. 인간은 시공간에 자유롭게 혼재되어 있는 박자 속에서 초보적 리듬을 모을 수 있으며, 운율적 박자를 이해하고 판단해 생명의 리듬 충동을 일련의 적합한 법칙에 따르도록 강제할 수 있다.

어 있는 한 할 줄 아는 사람으로 자폐적인 유형과는 거리가 멀었다(강대석, 1997, 233쪽). 그렇다고 의외로 사교성이 넘쳤다고도 할 수 없어서, 혼자만의 티타임에 이웃이 찾아와 함께하기를 청하면 아무래도 차가 목으로 넘어가질 않는다며 합석을 거절하고 다른 방으로 쫓아내는 까칠한 성격이기도 했다.[5] 괜히 평생을 독신으로 산 게 아니다. 정해진 시간에 맞춰 그를 보좌해야 했던 하인 람페(Lampe)의 고충도 컸으리라 짐작된다.[6] 칸트가 산책길을 지날 때마다, 이웃들은 철학자의 딸각거리는 지팡이 소리에 맞춰 느슨해진 시계태엽을 다시 조였다고 한다. 시간 엄수의 생활 습관을 강조할 때마다 참 많이들 인용하는 일화다.[7] 칸트의 산책은 반복되는 하루의 흐름을 알리는 시보(時報)와 비슷했다. 그것은 또 한편으로 칸트의 독특한 생활 리듬이 이웃들의 생활 패턴과 서로 교차하고 공명하는 순간이기도 했는데, 어느 날인가는, 칸트가 제시간에 산책을 나오지 않는 바람에 산책로 근처의 주민들이 저녁 준비를 평소보다 늦게 시작한 적도 있었다고 한다(다고 아키라, 2009, 277쪽 참고). 다들 습관적으로 칸트가 지나가는 것을 본 다음에 식사 준비를 시작했기 때문이었다. UFO의 시선에서 이 장면을 다시 바라본다면, 쾨니히스베르크의 지면을

---

5) 임인수, 「잊지 못한 어머니의 교육: 오후 3시와 칸트의 산보」, 『동아일보』, 1960년 2월 14일자 4면 참고.

6) 결국 그는 칸트 몰래 결혼을 했다는 사실이 들통 나서 해고당한다. 후임자가 수십 년간 칸트와 동고동락한 람페만큼 일을 잘했을 리 없다. 칸트도 그를 좀처럼 잊지 못해서 일기장에 느낌표를 세 개나 찍어 "람페, 이제 끝난 람페는 잊어야 한다!!!"라고 적기도 했다. 그의 장대한 비판서 어디에도 이런 식의 느낌표 남용은 찾아보기 힘들다. 장 바티스트 보뷜 (2002) 참고.

7) "칸트는 時間을 嚴節히 직혓다 그의 散步 나오는 것을 보고 市民들이 時計對를 마추엇다 한다 그러나 그도 한번 時間을 어긴 일이 잇다 法國의 룻소의 '에밀'이란 敎育小說을 닑을때에 趣味가 津津하여 그 散步時間을 넘겼다 한다." 「칸트의 逸話」, 『동아일보』, 1926년 4월 28일자 3면.

왔다 갔다 하는 수많은 인간 점들이 시간의 그물 위에서 서로 영향을 주고받으며 출렁거리는 흥미진진한 순간이 아닐 수 없다. 다시 말해 보리수 산책길 주변의 사람들에게 '오후 3시 반의 칸트'란, 시계 판의 숫자를 맞춰보지 않아도 공통으로 인지되는 (저녁 식사 준비를 시작할 때가 되었음을 상기하는 등의 제한적인 쓸모와 이 동네에서 늘 벌어지는 일이라는 국지성을 띤) 일종의 대안 시계의 역할을 했던 것이다. 이렇게 말하면 칸트주의자의 격분을 살지 모르겠지만, 쾨니히스베르크의 보리수 길에 '칸트 시계'가 있었다면 수단 누에르족에게는 '소시계'가 있다. 소젖을 짜고 소가 목초를 뜯거나 축사에서 우리로 이동하는 동작을 구분하는 시간법이다. 인도의 라자스탄에서는 저녁에 가축 떼가 돌아오는 순간을 '소먼지 시간'이라고 한다(제이 그리피스, 2002, 27쪽).

그러니 오후 3시 반이라는 시계 판의 위치를 누군가의 시간 엄수 덕에 조정했다는 해설만으론 별로 중요할 게 없다. 우리가 문제 삼고자 하는 것은 절대적, 직선적, 획일적인 '시계 시간'의 개념이 아니라, 온갖 시간원(時間源)과 맞대봄으로써 상대화되고 변주될 수 있는 시간(들), 즉 리듬의 복잡계 안에서 시간을 사유하는 일이기 때문이다. 그저 선형적인 선후 관계를 따져 크고 작은 숫자를 부여하는 것만으로 헤아릴 수 없어서, 감각적이거나 심리적인 강도(强度) 차이로 분별 되는 시간성[8], 심장 박동이나 호르몬의 순환, 월경 주기, 수면 주기처럼 하나의 유기체 안에 공존하는 다양한 신체 리듬의 시간성이

---

[8] 프루스트의 『잃어버린 시간을 찾아서』와 제임스 조이스의 『피네건의 경야』는 인간의 마음속에서 확장되기도 하고 단축되기도 하는 시간의 특이성에 대한 소설이다.

엄청나게 복잡한 관계로 뒤얽혀 있다. 예를 들어 칸트의 몸시계, 그를 쫓아다니며 시간표에 맞게 시중을 들어야 했던 하인 람페의 몸시계, 그들과 함께 동시대를 살았던 이웃들의 몸시계, 칸트의 시야를 스쳐 가는 보리수 산책로의 여러 동식물의 몸시계를 아울러 그 무엇이든, 인간에게 지속성의 단위를 경험하게 하는 패턴이 있다면 시간의 근원으로 규정될 수 있다. 토착과학을 연구하는 서구 물리학자 F. 데이비드 피트는 다음과 같이 말한다. "시간은 우리나 자연 속의 나머지 것들과 독립되어 있지 않다. 시간은 의식을 통해서 언설되며 시간의 움직임과 인간의 관계는 늘 새로워지게 마련이다(Peat, 1996, p.199)."

칸트가 팔십 평생을 보낸 쾨니히스베르크는 혁명과 전쟁, 자유주의와 민족주의의 광풍으로부터 비교적 부침이 덜한 곳이었다. 하지만 그는 프랑스혁명에 열렬한 관심이 있었고, 심지어 후대의 마르크스는 칸트를 '프랑스혁명의 철학자'라 불렀다(한나 아렌트, 2002, 96쪽). '인간의 시간'은 혁명과 전쟁의 와동(渦動)을 겪으며 극적으로 변동한다. 앞서 설명했던 것처럼 우리는 시간의 단위로 전용될 수 있는 온갖 리듬에 둘러싸여 있지만, 일상적인 인간관계의 세목을 통틀어 권력이 정한 시간 체제에 지배당하지 않는 영역은 거의 없다는 게 문제다. 칸트 생존 당시의 사건을 예로 들자면, 루이 16세를 처형한 프랑스혁명 세력의 국민 공회는 십진법에 지나치게 심취한 나머지, 시간까지 십진법으로 바꿔버렸다. 하루는 10시간, 1시간은 100분, 1분은 100초가 되었다. 프랑스의 새로운 시간 체제는 혁명에 동조하던 나라들마저 등을 돌리게 했고, 결국 얼마 안 가 시간을 원래대로 되돌려 놓아야 했다(로버트 크리스, 2012, 99쪽). 칸트도 이들을 경멸하는 데 주저함이 없었다(아렌트, 97~98쪽 참고). 시간체제가 얼마든지 새롭게 규정되고 다시 작동될 수 있다는 사실에 그가 반대했던 것은 아니었을 것이다. '시간'을 혁명의 위대성에 걸맞게 어떻게 선용할 것인가를 고민하는 일에 국민공회의 혁명가들은 경솔했고, 혁명의 위대성을 감당하기엔 무능했다. 권력을 장악한 사람들이 '시간'에 손을 댄다는 것은 동시성의 폭력을 감행하는 일이며, 갖가지 고유한 시간(들)을 단일한 표준시간에 희석시키는 결과를 부른다. 이 작업은 제국주의의 심화와 더불어 한층 더 집요하게 전 세계로 확장됐는데, 제국주의 세계시간 체제의 순도 높은 계승자의 한 사람이 스탈린이었다. 그는 1929년에서 1940년까지 한 주일을 5일, 이어 6일로 정함으로써 일요일을 없애는 시도를 했을 뿐만 아니라, 모스크바를 공산주의 표준시간으로 선포했다(그리피스, p.300). 오늘날 전 지구적 시간 체제를 왜곡하는 가장 강력한 권력은 특정 국가나 독재자가 아니라 자본이다. 마르크스는 이렇게 한탄했다. "시간이 전부이고 인간은 더는 아무것도 아니다. 인간은 기껏해야 시간의 구체화일 뿐이다(마르크스, 2008)."

UFO가 쾨니히스베르크 하늘에서 철학자의 정수리를 내려다보던 1781년 어느 여름 오후로 다시 돌아가 보자. 그 시절은 칸트가 11년간의 연구 끝에 『순수이성비판(*Kritik der reinen Vernunft*)』을 세상에 내놓은 때이기도 했다. 칸트는 시간에 대한 오랜 고민을 이 책에 집대성했다. 보리수 길의 산책자는, 그를 오랫동안 지켜봤던 UFO와 마찬가지로 '시간'에 대해 고민했던 것이다. 그는 객관적이고 절대적이며 외재적인 뉴턴 시간에 오랫동안 의문을 품었다.[9] 뉴턴이 주장하는 것처럼 시간은 자신을 측정하는 운동과 정말 관련이 있는 걸까. 오히려 운동이 자신의 조건을 이루는 시간에 관련된 게 아닐까. 칸트는 '시간 속의 사물'과 '시간 그 자체'를 분리해서 생각했다. '시간'을 외적 세계에 있는 것이 아니라 필연적으로 미리 전제되어야 하는, 선천적인(a priori) 것으로 이해한 것이다. 아프리오리한 시간은 무엇보다도 정신 자신이 스스로 촉발되는 방식을 의미한다. '자아'는 시간 속에 있으며, 시간 속에서 변화를 체험하는 수용적인 자아다. 다른 한편에는, 현재, 과거, 미래를 분배하면서 끊임없이 시간의 종합을 이루는 행위, 또 시간 속에서 일어난 것의 종합을 이루는 행위를 의미하는 '나'가 시간 속에서 '자아'와 꿰매어 엮여 있다. 나에게서 자아로 그리고 자아에게서 나에게로 나아가는 무한한 변조(modulation)의 형식이 시간이다. 이 과정에서 '나'는 균열되고 '자아'는 수동적인 타자로 놓인다. 이 둘의 쪼개짐은 끝없이 계속되기에, 시간은 곧 현기증이자 흔들림이 된다(들뢰즈, 2006, pp.141~147).

이것은 칸트가 매일 산책했던 보리수 길의 시간 공통체(共通體)가 지닌 속성이기도 했다. 우선 이질적으로 다양한 구성요소들이 서로 수평적으로 연결된다는 의미에서 '공동체'가 아니라 '공통체'라 부른다는 것을 밝혀둔다. 공통체의 시간은 구성요소의 각 정체성이 동일하게 재인(再認) 받는 형식이 아니라, 오히려 그것의 불가능성을

---

9) 뉴턴은 '절대적인 시간'을 현대 과학에 도입했다. 그는 우주 안에 절대적인 정지점이 있다고 주장했다. 예를 들어 '0'이라는 세계 속의 한 지점으로부터 모든 방향으로 공을 서로 다른 속도로 던진다면, 그 공들은 모두 '0'이라는 지점보다 뒤에 나타나는 지점에 도달한다. 따라서 지점 '0'에서 일어나는 사건은 그보다 미래에 일어나는 사건들에만 영향을 미칠 수 있으며, 그래서 과거는 더 이상 나의 영향권에 있지 않게 된다. 뉴턴 식의 세계관에서 인과성의 구조와 그 효과가 설명되는 방식이다.

증명한다. 칸트를 포함해 보리수 길의 사람들에게 '칸트 시계'의 반복된 출현은 반복 그 자체에 의미가 매여 있던 게 아니었다. 반복된 사건 속에서 각각의 층위의 차원들이 맺는 관계는 끊임없이 바뀐다. 점심으로 먹은 음식의 맛이 매번 조금씩 다르고, 바람과 햇빛의 세기와 방향이 다르며, 어제까지도 곁을 지켰던 하인 람페도 떠날 수 있고, 시계처럼 정확했던 칸트조차 평소와 달리 산책에 늦을 수 있다. 누군가는 죽어 사라질 것이며, 보리수 길의 철인(哲人)도 예외가 아니었다. 쾨니히스베르크를 둘러싼 유럽의 국제 정세도 해마다 달라졌다. 그는 팔십 평생을 쾨니히스베르크에서 보내며 이 세세한 차이를 천천히 인지했을 것이다. 세상의 모든 시간은 이질적인 선들의 다발이자 폭발이다. 우리는 오직 그 폭풍의 현재에서만 살 수 있다. 그래서 '지금, 바로 여기'의 특이성을 설명할 수 없는 보편시간, 표준 시간 체제, 제국주의적 시간에 우리 자신을 짜 맞춰 살아가는 것은 현재로부터의 소외를 의미한다. 지금 이 순간의 현실로부터 소외받지 않는 시간을 만끽하는 일이야말로 우리가 속한 시간 공통체를 선용해야 할 가장 중요한 이유다.

하지만 그게 아무래도 쉽지 않은 이유는 무엇일까? 그것은 앞으로 벌어야만 할 돈, 벌기도 전에 빌려 쓴 돈, 불확실한 미래를 위해 준비해야 할 돈, 이미 써버린 돈의 질서에 년, 월, 일, 시, 분, 초를 회수당하고 있기 때문이다. 우리 시대에 만연한 시간의 현기증이다. 그래서 이 시대 사람들이 칸트에게 즉물적으로 공감할 게 있다면 『순수이성비판』의 시간론이 아니라, 박봉을 쪼개 알뜰하게 생활했던 그의 가계부일지 모른다. 그렇더라도 쓴 웃음거리로 치부할 필요는 없다.

1781년의 칸트와 우리를 잇는 공통의 것, 서로 다른 모습으로 2010년대를 살아가는 우리를 함께 공명케 할 공통의 것으로 '가난'을 발견할 수 있기 때문이다. '가난'의 시간 공동체가 혁명의 시간에 앞선 어두운 전조일 수 있을까? UFO는 여전히 인간의 시간을 예의주시하고 있다.

3. 비트와 세슘의 시간 체제

그렇다면 정보 자본주의 사회는 지배 질서에 최적화된 시간 체제를 갖긴 가진 걸까? 발상은 신선했으나 메이저로 승급 받지 못한 후보작부터 살펴보자. 세계 최대의 시계 생산업체 스와치(Swach)가 1999년 1월에 발표한 '인터넷 타임(Internet-Time)'은 시, 분, 초 대신 데이터양을 나타내는 최소 단위인 '비트'를 기본 단위로 사용하는 새로운 시간 체계였다. 하루(24hr/140min/86,400sec)를 1000비트(bit가 아니라 beat라 쓴다)로 나눠 @를 붙여 표기하는데, 86.4초는 @001 스와치 비트에 해당한다. 스와치 본사가 위치한 스위스 비엘의 시간을 기준점으로 자정은 @000, 정오는 @500이다. 기존 시간 체계와 달리 시차 없이 세계 어디에서나 동일한 시간을 사용할 수 있다. 스와치의 '인터넷 타임'에 대한 마케팅은 현재까지도 계속되고 있다. 단기간의 성과에 좌지우지되지 않고 긴 안목으로 진행 중인 프로젝트다. 그런데 1999년 1월 독일의 주간 잡지 「자이트(Die Zeit)」에 실린 스와치 회장 니콜라스 하예크 주니어(Nicolas Hayek Jr)의 인터뷰에는 문제적인 표현이 눈에 띈다.

네트워크는 추상적이며 아침이나 밤의 구분도 없다. 그곳은 의사소통
의 상대가 어디에 앉아 있든 상관하지 않아도 되는 경계선 없는 세계
다. 내가 내일 누군가를 인터넷에서 만나고 싶다고 하면, 상대는 이렇
게 묻는다. '잠깐, 오후 2시라고? 네가 있는 곳이 도대체 어딘데?' 지
역별로 시차(時差)가 있기 때문이다. 그러나 그에게 '500비트'에 만나
자고 하면 오해의 소지가 있을 리 없다. 하루 중 어느 시간이 나에게
맞는지 알아보는 것은 나의 개인적인 일일 뿐이다. 비트는 인터넷 시
스템 안에서의 삶을 조금 단순화시키는 보조 수단이다.[10]

일몰과 일출의 자연적 리듬이 더 이상 문제시되지 않는 시간 단위
의 출현을 어떻게 받아들여야 할까? 하예크 회장의 말처럼 여러 나
라 사람과 메신저로 대화를 나누고 웹 서핑을 함께하는 일에 '비트'가
도움이 될 수도 있겠지만, 온종일 인터넷에 매달려 사는 사람이 아닌
이상, 모니터 화면의 불빛보다는 뜨고 지는 햇빛에 더 예민하게 반응
하는 건 당연하다. 우리 몸의 기본 리듬에는 생명체의 근본 발달 원
칙이 내재해 있다. 문화적 관습과 제도의 훈육만으로 우리가 기존의
시간 체계에 길든 것은 아니다. 우리 몸도 꽤 까다로운 기준에서 시

---

10) "Wir sehen, daß die Leute das Internet benutzen. Das Netz ist abstrakt,
es gibt keinen Morgen und keine Nacht. Es ist eine Welt ohne Grenzen,
in der es keine Rolle spielt, wo der Kommunikationspartner sitzt. Wenn
ich jemanden morgen im Internet treffen will, dann fragt der andere:
Moment, um 14 Uhr? Wo bist du eigentlich? Und wir müssen über etwas
kommunizieren, das völlig unlogisch ist in diesem System. Wenn ich ihm
sage, wir treffen uns um 500 Beats, ist das unmiß verständlich. Und es ist
meine persönliche Angelegenheit, zu wissen, welche Tageszeit dann bei mir
ist. Die Beats sind ein Hilfsmittel, um das Leben in dem System Internet ein
wenig zu vereinfachen." Revolte gegen die Zeit, Die Zeit, 1999. 1.

간과 협상을 벌인다. 네트워크 접속자의 정신이 몸에서 뽑혀 나와 웹에 직접 접속하지 않는 이상, 그의 몸이 놓여 있는 장소는 기존 시간 질서로부터 자유롭지 않다. 시차 계산의 번거로움을 없앤 게 '비트'의 장점이라지만, 몇 번의 클릭만으로도 각국의 표준 시간대를 확인할 수 있는 프로그램이 윈도우를 비롯해 컴퓨터 운영체제엔 기본적으로 설치되어 있다. 그리고 외국의 시차를 확인했을 때 제일 먼저 고려하는 일이란 그곳의 주야(晝夜) 구분이다. 인터넷이 아무리 우리 생활의 구석구석에 영향을 끼쳐도 태양의 영향력을 압도할 만큼 우선적이진 않다. 물론 온갖 암울한 SF 설정을 총동원한다면 세계인이 '비트'를 범용할 수밖에 없는 상황을 가정해볼 수 있다. 대기와 대지가 방사능에 오염돼 인류가 지하에서 살지 않을 수 없게 된다면 태양과 단절된 생활은 불가피할 것이다. 하지만 '비트'에 유리한 환경에 이르려면 이것만으로 부족하다. 몸까지 형편없이 병들어서 생명유지 장치로 간신히 숨만 유지한 채, 뇌에 연결된 케이블 선을 통해 가상 세계에 접속해 같은 처지의 디지털 캐릭터와 동고동락해야 할 상황쯤 된다면 비트는 유용한 시간 체계로 비로소 인정받게 될 것이다. 그만큼 '비트'는 부자연스럽고 비정상적임 몸에 대칭될 만한 시간이다.

실제로도 '비트'는 세기말의 종말론적 분위기와 무관한 기획이 아니었다. 스와치가 '비트'를 제안했던 1999년은 Y2K 문제로 불안감이 한창 고조되던 시기였다. 하예크 회장의 인터뷰가 실렸던 「자이트」의 같은 날 다른 기사에선, 세상의 종말을 간절히 기다리는 사람들의 소식이 실려 있었다.[11] 정보 자본주의의 치명적 약점이 다른

---

11) 「눈앞에 다가온 종말: 전 세계인은 간절히 세상의 종말을 기다리고 있다

것도 아닌 컴퓨터 시간 프로그램의 오류라는 주장은 세기말적 불안을 고조시키기 딱 좋은 소재였다. 이런 상황에서 '비트'는 Y2K 문제를 해결할 대안이자 정보 자본주의의 구조적 질서를 훨씬 더 철저하게 보완해야 한다는 의지의 표현이었다. 게다가 '비트'가 세계시간의 새로운 대안으로 채택되기만 한다면, 스와치는 시계뿐 아니라 시간도 만들어냈다는 엄청난 명성을 얻게 될 터였다. 어쨌거나 그런 일은 아직 생기지 않았다. 그래도 스와치의 비트 마케팅은 꾸준히 계속되고 있다.[12]

그 사이 인터넷은 1999년 상황과는 비교도 안 될 만큼 엄청난 발전을 겪었다. 모바일과 유비쿼터스가 강화된 기기들이 폭넓게 대중화되면서 사람들은 자기 그림자보다 인터넷을 더 자주 들여다보게 되었다. 그렇더라도 '비트'의 미래에 반전이 있을 거라 장담하긴 어렵다. 정보 자본주의의 총애를 받는 스마트폰과 태블릿 광고만 보더라도, 아름답고 평화로운 자연 풍경과 연관지어 제품의 이미지를 구성한다. 기술에 사람을 끼워 맞추는 마케팅보다는 (광고 이미지일 뿐 실상은 전혀 다르다고 하더라도) 사람을 향한 기술임을 소비자에게 어필하는 전략이 시장의 긍정적 반향을 이끌어내는 데 훨씬 유리하다.[13] 따라서 기업이 새로운 시간 체계를 제안한다는 식의 과격한 마케팅은 스와치의 사례에서 보듯 효과적인 전략이 아니다.

(Den Untergang vor Augen: Rund um den Erdball fiebern Menschen der Apokalypse entgegen)」, Die Zeit, 1999. 1.

12) http://www.swatch.com/zz_en/internettime 스와치 공식 홈페이지에서도 비트에 대한 설명을 확인할 수 있다.

13) '사람을 위한 기술'은 SK텔레콤의 캠페인 모토이기도 하다. 이 회사가 정말로 사람을 위한 기술을 실천하고 있는지에 대한 평가는 독자에게 맡기겠다.

특정 미디어의 구조적 질서 아래 우리 삶이 단순화될수록, 그 미디어의 주기적 기본 리듬이 시간의 단위로 쓰일 가능성이 높다는 건 역사적으로 반복된 사실이다. 그런데 비트의 예에서 보듯 인터넷은 시간의 단위가 되기엔 아직 시기가 무르익지 않은 것 같다. 그러나 핵은 경우가 다르다. 20세기의 후반기는 정보 자본주의의 도래 이전부터 핵 자본주의 사회였다. 시간 단위계의 기틀로 세슘 원자의 진동이 사용되기 시작한 때가 1967년이었다. 1967년은 핵 자본주의의 역사에서 의미심장한 기점이기도 하다. 미국과 소련 간에 NPT(Nuclear Non-Proliferation Treaty, 핵 비확산 조약) 합의가 이뤄진 해가 1967년이었다. NPT는 1967년 1월 이전에 핵무기를 보유한 미국, 영국, 러시아, 프랑스, 중국 5개국만을 핵무기 보유국으로 공식 인정한다. 이들 국가를 제외한 전 세계 대부분의 나라는 비핵무기국가로 규정된다. 새로운 표준 시간의 단위가 확정된 원년이 NPT 체제라는 세계 질서의 기제가 형성된 바로 그 해였던 것이다. "당신의 캘린더를 선택하는 것은 곧 당신의 정치체제를 선택하는 것과 다름없다(그리피스, p.294)"라는 말은 무섭도록 정확하게 현실을 반영한다.

세슘 원자가 9,192631,770번 진동할 때마다 1초가 된다. 세슘 원자의 진동수는 정확히 9,192,631,770 플러스 마이너스 20헤르츠인데, 이 주파수로 움직이는 원자시계의 정밀도는 3000만 년에 1초밖에 오차가 생기지 않을 정도로 월등하다고 한다. 원자시계의 작동은 핵발전소 원자로의 메커니즘과 유비된다.[14] 원자로에서 발사되는 세슘 원자의 빔은 진공관 내를 통과해서 고정된 자석에 의해 굽어져 교

---

14) 측정에 사용되는 세슘은 세슘-133 원자다.

류 자기장에 들어가게 되는데, 이때 자장의 주파수가 맞으면 원자의 자극(磁極)은 방향을 바꿔 또 하나의 고정된 자석에 의해 역방향으로 굽어져 검출기(檢出器) 위에 초점을 맺는다. 핵 자본주의의 세계를 사는 우리의 1초가 저 순간에 점멸한다. 한국에서 세슘 원자시계가 설치 운영된 것은 1980년이었다. 세대교체된 파시즘의 시대가 개막되던 1980년이 한국 표준 시간이 본격적으로 제공된 해였던 것이다.

비트와 세슘의 시간 체제, 다시 말해 정보 자본주의와 핵 자본주의의 복합 구조에서 이 세계의 시간 체제는 유지되고 있다. 그런데 비트와 세슘이 지배 질서의 상징이면서 시간의 단위로까지 전용될 수 있었다는 사실을 뒤집어 응용해볼 순 없을까. 어째서 시간의 단위는 먹을 수도 만질 수도 없는 것으로만 정해지는 걸까. 우리가 시간의 공통체(共通體)를 꾸려 연대하고자 할 때, 국가와 시장 경제가 인정하는 시간 체제를 따르는 것과는 별개로, 함께 소중히 여겨야 할 공통의 것으로 시간의 단위를 정할 순 없는 걸까?

4. 대안 화폐 운동과 연동된 대안 시간 체계

새로운 대안 시간 체계에 대한 구상과 실천은 대안 화폐 운동과 연동돼 진행될 때 효력을 발휘할 수 있다. 춘천녹색화폐센터에서 2012년 7월부터 발행하고 있는 쌀 본위제 대안 화폐 '이삭통화'를 예로 들어보자. '이삭통화'는 여타의 지역 화폐와 마찬가지로 외지로 돈이 빠져나가지 않고 그 지역 사람들의 생활권에서 순환될 수 있도록 설계된 돈이다. 이 화폐의 가치와 발행량은 지역의 유기농 쌀 생산에 연동되어 있어서, '이삭통화'를 사용하는 가맹점과 사용자가 많아질수록 쌀농사를 지키는 일에 힘을 보탤 수 있다.

지역 통화는 이익 추구가 목적이 아니므로 철저하게 교환의 매개 역할에 충실할 뿐 이자를 발생시키지 않으며 국권 화폐로 교환되지도 않는다.[15] '이삭통화'에 이자가 발생할 수 없는 또 다른 이유는 화폐의 유통기한이 제한되어 있기 때문이다. '이삭화폐'뿐만 아니라 지역화폐 대부분에 적용되는 원칙인데, 쌓이고 유통이 안 되면 교환의 매개 역할에 충실하자는 취지가 실패할 수밖에 없다. 이 점이 나에겐 중요했다. 대안 화폐 운동과 대안 시간 체계의 구상이 한 데 만날 수 있는 접점이 바로 여기에 있기 때문이다. 지역 화폐의 유통 기한을 그 지역 특유의 시간 자율성, 소비의 패턴, 노동 세계의 특이성에 맞춰 제한한다면, 지역 통화 신권의 발생 주기를 순환 주기로 따르는 대안 시간 체계를 실험해볼 수 있지 않을까. 지금으로선 설익은 아이디어 단계에 불과하지만, 함께 고민할 것을 청하고자 생각을 밝혀둔다.

대안 화폐가 지역 경제의 활성화를 위한 기획이라면, 대안 시간 체계의 목적은 지역 공동체와 자연이 공생해왔던 본디 속도와 역사적 리듬을 보존하기 위한 기획이다. 대안 시간 체계는 숫자로 계량되

---

15) 이삭화폐 뒷면에 적힌 사용안내의 내용은 다음과 같다. ① 본 통화권은 춘천 녹색화폐센터와 협약한 가맹점에서만 사용할 수 있습니다. ② 본 통화권은 현금으로 교환되지 않습니다. ③ 본 통화권은 현금과 같이 사용할 수 있습니다. ④ 본 통화권은 유효기간이 넘으면 사용할 수 없습니다. ⑤ 본 통화권은 유효기간이 끝나면 당해연도 지역산 무농약 쌀과 교환됩니다. ⑥ 개인이 소지한 통화건은 직접 쌀과 교환할 수 없으며, 가맹점만 교환 가능합니다. 춘천녹색화폐센터의 홈페이지 주소는 다음과 같다. http://blog.naver.com/muwee27

고 분절되는 표준 시간 체제의 방법이 아니라 지역의 온갖 이야기로부터 생성한다. 시계가 2012년 12월 19일 오후 4시 30분을 가리켰을 때 무슨 일이 있었던가를 묻는 방식은 기존의 시간 체제를 따르는 일이다. 하지만 옆집 고양이가 새끼를 낳았던 그때에 학교 운동장엔 목련꽃이 환하게 피었다는 사건을 통해 시간을 발생시키고 두고두고 다시 헤아린다면, 그것이 대안 시간 체계에서 시침과 분침이 움직이는 방식이다. 다시 말해 문학과 역사의 글쓰기가 대안 시간 체계의 새로운 시계 역할을 하는 셈이다.

기쁘게 시간을 소유할 수 있는 진정한 의미의 슬로시티를 만들기 원하는 이 있는가? 그러기 위해선 국권 화폐와 기축 통화, 표준 시간 체제에 균열을 내야 한다.

이제 '시간'을 사용해야 한다.

6장

제작과 정보기술의 아크로바틱

최빛나/송수연(청개구리 제작소)

정보기술의 말단 소비자에 포근히 잠겨있던 우리가 데이터와 코드들을 인식하기 시작한 것은 언제부터일까? 아마도 그것들이 비트의 회로를 빠져나와 삶을 구성하는 것을 목격하고 부터일 것이다.[1] 그것은 비트(bit)가 물성(atom)을 가지게 되었다는 표현이나, 정보만큼 사물도 자유롭기를 원한다[2]라는 통찰만으로는 설명되지 않는, 한편으로는 창조성에 대한 깊은 충동과 연결되면서도 너무나 식상할 만큼 바로 이해되는 통속적인 감각이었다.

그리고 얼마간의 시간이 지난 후 우리는 주변의 활동들이 우리가 느낀 그 최초의 감각 속에서 한 통속이 되어가고 있음을 목격하고 있다. 그것은 3D 프린터와 레이저 커팅 등 개인 DIY 장비를 매개로 하

---

[1] 청개구리 제작소에서는 2012년 7월 5일부터 7일까지 문래동의 프로젝트 스페이스 정다방에서 미디어 아티스트 최태윤과 '오픈소스 하드웨어와 해킹'이라는 이름의 워크숍을 개최하였다. 이 워크숍에서 우리는 처음으로 물리적 컴퓨팅(physical computing)이라 불리는 개념의 실제를 접할 수 있었다.

[2] 미디어 연구자 조동원은 청개구리 제작소와 함께 2013년 4월 아르코 미술관에서 기술놀이 〈해킹: 비트에서 아톰까지〉라는 이름의 세미나와 워크숍이 결합된 행사를 열었다. 여기에서 자유소프트웨어에서 시작된 개방과 공유의 흐름이 오픈소스 하드웨어까지 연결되는 과정을 짚는 연대기적 강의가 있었다.

는 데스크탑 제조의 세계, 사물들을 움직이는 초소형 컨트롤러의 세계 그리고 '사물 인터넷'의 세계이다. 그것들은 구름(cloud) 위에 공방을 짓고 서로를 참조 대상으로 삼아 초협력의 기치 아래 그 살을 키워가며 만물을 연결시키고 있었다. 이 살덩이를 구축하는 이들은 오픈소스를 DNA 삼아 로우테크부터 하이테크를 가로지르는 재료의 공학을 선보이며 새로운 기술 민주화의 시대를 위계 없이 확장시키고 있었다. 소비가 생산이고 생산이 소비인 자작물의 박람회를 기웃거리며 우리는 사물에 신이 아닌 코딩이 깃들기 시작하는 것을 경이에 찬 눈으로 바라보고 있다.

지금 우리는 이곳에서 제작문화가 대안적 실천 영역과 신경제 담론 모두에 의해 공유되고 있는 것을 흥미롭게 바라보고 있다. 글쎄 이걸 양가성이라고 할 수 있을까? 혹은 전혀 다른 이름이 주어져야 하는 흐름을 우리가 분별력 없이 섞어 버리고 있는 것일까? 하지만 지금 호명되고 있는 제작 문화가 어떤 맥락에 위치해 있던 IT문화에서 탄생한 디지털리즘에서 보다 폭넓게 공유되고 있는 키워드들 (보다 가깝게는 해커윤리) —오픈소스, 커뮤니티, 협업, 사회적 기여, 창조— 을 태깅하고 있는 것을 볼 때 그 '제작'이란 사건을 둘러싼 모험들을 거칠게나마 언급해보는 것도 나쁜 시도는 아닐 것 같다.

어떤 이들에겐 단순히 표준생산된 사물이 주는 무(無)개성을 선택하지 않을 수 있는 기술이기도 할 것이요 누구에겐 손수 만든 피클을 귀여운 병에 담아서 판매할 수 있는 공동체적 시장이기도 하겠지만 더 확장된 시선으로 본다면 '더 단순하고 자급적 삶', '대량 생산 사회의 대안 문화'로써의 기치를 들고 인문으로써의 제작과 손의 문화를 얘기하는 지형이 있을 것이다. 대안적 문화예술의 태도를 함께 취하는 이러한 담론들은 한편으로는 과잉 소비의 시대에 대한 성찰을 촉구하는 듯 보이며 일부는 사회적 기업이나 협동조합, 공유 기업, 마을 만들기 등의 사회적 자본과 그다지 날카롭지 않은 동맹을 거버넌스라는 이름하에 이루고 있기도 하다. 이들은 작은 시장을 열고 수선과 업사이클링, 생활창작, 물물교환, 대안화폐, 손의 노동을 명명하며 상호부조적 공동체의 가치를 제작문화 안으로 끌어오고 있다.

한편에서는 창업 그리고 그것의 미래 인재 육성을 위한 창의 교육, 융합 교육의 방법론으로 설계되는 흐름이 있을 것이다. 이러한 흐름은 제작의 문제보다는 스타트업, 디지털 제조업, 신사업, 지식경제의 문제로 호명되고 있으나, 그것의 지반을 강하게 지탱하는 것은 개인 제조와 자작의 세계라는 점에서 시장이 제작문화, 정보기술문화와 맺고 있는 연결 고리를 가장 역동적으로 추적해볼 수 있는 좌표이기도 하다. 이 흐름은 창조경제라 불리는 흐름과 가장 밀접하게 담론을 공유하고 있으며 그 속에서 관과 민, 기업을 가리지 않고 개인 제조, 데스크탑 제조[3], 융합 교육이 가져 올 미래의 엘도라도에 대한 상상을 그리고 있기도 하다. 그리고 이 사이의 어느 즈음에는 기업이

---

3) 작년 발간된 미국 「와이어드」지의 편집장인 크리스 앤더슨(Chris Anderson)의 『메이커: 새로운 산업 혁명(*Makers: The New Industrial Revolution*)』이란 책이 이러한 흐름에 가장 강한 참조물이 되고 있다. 이 책에서 메이커 문화(Maker Subculture)는 새로운 DIY 제조 시대를 만들어 낼 것이고 이것은 '새로운 산업 혁명'으로 이어질 것이라는 분석한다. 이 새로운 산업혁명은 '제조의 민주화'라 할 수 있을 만한 흐름으로 볼 수 있는데 누구나 오픈소스, 3D 프린터 등을 이용해 제품을 만들어 내고 디자인할 수 있는 시대의 도래라는 상을 제시한다. 이러한 견해에는 자발적 제작 문화의 경제 시스템화의 문제에서 이견이 있을 수 있으나 실험적 프로토타입이 메이저 기업의 상품이 되기까지의 기간은 거의 동시적일 정도인 현실을 본다면 이러한 구분 자체도 이제 그다지 의미가 없다는 생각이 든다. 국내에서 메이커문화는 창조경제의 흐름과 함께 주목해서 볼 만한 흐름이다.

더 이상 만들어 놓지 못하는 일자리를 만들어낼 청년 창업의 방법론으로 설계되는 흐름이 있을 것이다. 여기에 청년 일자리를 소상공인과 제조업의 복원, 도심 재생의 문제와 엮어 풀어보려는 사례들을 더하게 되면 이 지형은 더욱 흥미롭다.

　창업과 창의교육, 일자리 등과 연계된 이들 사례들은 사실 제작문화의 여러 지형을 드러내기 보다는 한국식 행정의 계몽적 접근[4]속에서 여러 대안적 실천들과 신자유주의적 담론들이 한데 뒤섞이며 정책적 지원을 받고 있는 것에서 구성된 현재 지형이라고 보는 것이 더 적절할 것이다. 물론 그것에는 최근의 사회적 경제의 부상과 함께 '착한' 가치들이 자유주의 경제 하에서 더욱 널리 선전되는 것에서 오는 믹스시그널의 문제도 차치할 수가 없겠다. (이런 믹스시그널은 이제 표준 신호가 될 것이다.) 어쨌든 과연 그것이 그러한 대안적 실천 혹은 지속 가능한 사회를 위한 '소셜 솔루션'이 될 수 있는지는 논외로 치고 이 모든 것들이 지금의 제작문화의 흐름에서 동시적으로 살펴보아야 할 지형들이다. 어쩌면 그저 동일한 하나의 현상을 한쪽에서는 창조경제의 역동성으로 한쪽에서는 세련된 인지자본화의 경향으로 파악하고 있는 것일 뿐일 수도 있다. 그리고 그 사이를 엮고 있는 수많은 사회적, 공유 경제의 실행자들은 선한 열정으로 변화를 추동하고 있다는 것이 가장 적절한 묘사일지도 모르겠다.

---

4) 이러한 흐름이 행정의 주도하에 이루어져 왔다는 것은 더 이상 새로운 얘기가 아니다. 사회적 기업, 협동조합 등을 포괄하는 사회적 경제뿐만 아니라, 서울시의 경우 역시 공유도시의 패러다임 하에 공유경제를 정책적으로 인증하고 지원하고 있다. 정부에서 만든 창조경제 육성 지원 플랫폼 창조경제타운(www.creativekorea.or.kr) (개방-공유-소통-협력이라는 슬로건을 내건) 역시 이러한 행정 주도의 패러다임 설정을 볼 수 있다.

어쨌든 그것이 어떤 좌표이건 그것들 전부가 지금의 제작문화의 현실적 상태들을 가장 제대로 보여주는 벡터의 점들 일 것이다. 분명한 것은 그 속에서 문화, 예술, 기술, 경제 그 속의 분할적 구도들은 전례 없이 혼종되며 모바일앱 오픈 API가 이루는 풍경들이 그러하듯 서로의 참조물이 되어 줄 것이다. 그렇다면 뚜렷한 분별 없는 이 지층을 어떻게 기록할 수 있을까? 가속도를 내며 뻗어가는 이 지층의 내부를 통찰할 수 있을까? 아마도 지금으로는 불가능할 듯하다. 그보다는 그것들의 표층에 드러난 결절점들을 성글게나마 연결시켜 지금 제작에서의 정보기술의 문제가 어떤 아크로바틱한 기술들로 꿰어지고 있나를 기록하는 것이 여기에서 우리가 수행할 수 있는 일일 듯하다.

1. 분산 제조의 기술: 3D 프린터를 매개로

이진법 데이터로 탈물질화되고 평평해져 가는 이 세계는 언젠가는 육신까지 비트로 전환해버릴지 모르겠다. 어쩌면 디지털 이진수(Bit)를 다시 물리적 원자(Atom)로 돌리려 하는 3D 프린터는 이러한 전환의 시대를 거스르는 기계로 보이기도 한다. 하지만 한편으로는 3D 프린트라는 기계는 역능의 기술이라기보다는 오히려 '데이터가 될 살들'을 위한 초석의 기술로 개발되고 있는 것은 아닐까 하는 상상에도 잠시 잠겨본다. 어쨌든 이런 3D 프린트로 매개되는 개인 제조 장비들은 'You Dream, We build'라는 슬로건을 'I dream, I print'라는 슬로건으로 바꿔 놓음직 하다.

1년여 사이 문화기획자부터 미디어 작업자, 행정가, 일상창작자까지 만나는 이들마다 3D 프린터를 언급하기 시작하는 것이 흥미롭다. 그 만큼 이 기술은 각 상황의 다종한 맥락과 결합될 수 있는 통속적 기질이 충만한 기계이기 때문일 듯하다. 그리고 이런 통속성은 그 기계의 성공 가능성을 점쳐보게 한다. 알려졌듯이 시제품을 제작하기 위해 3D 프린터를 오랫동안 활용해온 산업계에서는 이것은 전혀 새로운 기술이 아니다. 문제는 이제 그것이 더 이상 공장에 머물지 않고 책상 위에서 컴퓨터의 제어를 통해 자기 사물을 '탄생'시키겠다고 나서고 있다는 것이다. 그렇다고 이 변화가 단순히 기술 대중화의 일반적 경로라고 쉽게 치부하거나 그 기계들의 가격표에 붙어 있던 '0'들이 몇 개 떨어지며 저가화 되어 보급되고 있다고만 보기에는 이 3D 프린터라는 기계가 만들어내고 있는 풍경이 무척 흥미롭다. 개인 차원에서는 아직 소소한 사물의 제작 정도에 머물고 있으나 국가 제조업 진흥 전략[5]이나 의학, 건축, 패션, 식품 등 그 가능성을 타진하고 있는 분야에서는 일반인들이 상상하는 수준을 넘어선다. [6] 또한 3D 프린터의 제조업적 가능성을 찬양하는 이들은 원재료를 깎아내어 만들어지는 제조가 아니라 적층의 '더하기 제조'(additive

---

5) 디트로이트와 같은 제조업이 쇠락하며 몰락한 도시에 이러한 디지털 제조 공방(테크숍)을 전략적으로 배치해 'Made in China'에 뺏긴 제조업을 다시 'Made in USA'로 돌리려 한다는 해석은 충분히 설득력이 있다. 테크숍의 슬로건 'Build your dream'을 보라.

6) '스마트콘텐츠 컨퍼런스 2013'에서도 초청된 모던 메도우(modern meadow 근대적 목초지)는 인공육과 인공가죽을 배양하는 바이오 패브리케이션(bio fabrication) 기술을 연구 중인데 이들도 3D 프린팅을 통한 인공육의 출력 가능성을 발표했다. 또한 최근 미국 남캘리포니아 대학에서는 콘크리트가 출력되며 건축물을 지어주는 'Contour Crafting'이라는 3D 프린터가 발표되기도 했다.

manufacturing), 즉 '마이너스 제조업이 아닌 플러스 제조업'이라는, 대량 생산의 패러다임을 다시 점검해볼 만한 가능성이 있다고 탄성을 지른다. (물론 아직은 감탄을 위해 존재하는 프로토타입 같은 개념이다.)

3D 프린터로 대표되는 개인 DIY 장비는 이렇듯 제조업에 보다 관계해 있는 듯이 보인다. 하지만 이러한 기기들은 전통적 제조업의 시장과는 상당히 다른 네트워크를 구성하고 있다. 그것은 제조업 못지않게 정보의 생산, 가공, 공유를 기반으로 하는 IT 경제와도 긴밀하게 연동되어 있다. 입체 사물을 만들어내기 위한 모델을 설계하는 소프트웨어들이 직접적으로 연동될 것이고 모델링 파일을 거래 혹은 공유할 수 있는 사이트 등은 가장 손쉽게 떠올릴 수 있는 신흥 시장이다. 그러나 이러한 단층적 시장은 정보기술 기반의 데스크탑 제조업(Desktop Fabrication)에서는 그다지 중요한 것이 아닐지도 모른다. 정보기술의 지층에서 탄생한 쿼키(Quirky), 킥스타터(kickstarter)[7] 등과 같은 사이트, 포노코(ponoko), 알리바바(Alibaba)와 같은 사이트들은 독립된 시장의 층위들을 마구 뒤섞으며 개별 창조성을 상품화해주는 매쉬업(mashup) 플랫폼으로 기능하고 있다. 그리고 이것은 결국 정보기술이 만들어내는 인지 제조업이라 불릴 만한 흐름 그리고 제조업의 민주화 문제로 귀결된다.

어떤 이들은 디지털 제조 기기의 대중화를 그저 또 다른 신기술의

---

7) 디자인을 보내면 제작이 해주는 포노코(www.ponokocom), 아이디어를 제품화 해주는 쿼키(www.quirky.com), 제품화 할 아이템에 대한 비용을 투자받는 크로우드 펀딩 사이트 킥스타터(www.kickstarter.com) 등은 개인 분산 제조와 판매를 가능하게 해주는 플랫폼들이다. 이러한 흐름은 국내에서는 아직 뚜렷한 시장을 만들어내지 못하고 있다. 국내 크라우드 펀딩의 대표적인 플랫폼은 텀블벅으로 문화예술 프로젝트에 대한 소셜 펀딩 플랫폼의 역할을 하고 있다.

문제로 지나치며 볼 수도 있을 것이요, 어떤 이들은 이것이 만들어낼 새로운 산업적 블루오션에 열광할 수도 있을 것이다. 혹은 오픈 디자인과 오픈 제조의 그 개념에 찬탄할 수도 혹은 또 다른 소비주의 문화의 기술로 폄하할 수도 있겠다. 혹은 이 기계의 정치경제적 함의를 꿰뚫어 보고 이러한 제조업에서 계급의 문제를 고민할 수도 있겠다. 물론 그것들이 매개하고 있는 것은 아마도 이 모든 것들일 것이다. 그리고 지금 이곳에서는 창업을 위한 기술적 차원에서 더욱 강하게 참조되고 있다는 징후들도 뚜렷하다. 물론 '생각만 하면 뚝딱!'이란 언론의 타이틀은 지독한 과장법의 수사이지만. 위의 모든 묘사에서 느껴지는 상상과는 달리 여전히 대중적 버전의 3D 프린터가 실제 보여주는 풍경은 근미래의 시장에 얼른 깃발을 꽂아 보고 싶은 조급함이 만들어내는 풍경에 가까워 보인다. 어쨌든 이러한 제조업의 민주화는 소상공인을 복원해야 한다고 외치는 쪽에서도 신경제를 만들어야 한다고 외치는 쪽에서도 혹은 '거대 산업사회의 폐기물들아, 너희는 가라!'라고 외치는 쪽에서도 모두 환영할 만하니 이들의 앞날은 꽤나 밝다.

2. 개방의 기술: 오픈소스라는 태도 혹은 생태계

정작 중요한 알맹이들은 앞서 신흥 '시장'들과는 다른 지점에서 발견되고 있다. 무엇보다 개인 자작형 문화(DIY) 장비들은 직관적으로 이해하기 쉽고 흥미로우며 '재미'로라도 그것의 발전에 기여하겠다는 수많은 팅커러(tinkerer)[8]의 팬덤 속에서 등장하고 발전하고 있다. 즉 대중적 인지도와 작은 발명 그룹에서 쏟아져 나오는 상업적 모델들 뒤에 있는 것은 오픈소스와 제작인(maker) 문화, 해커 문화 등 이른바 통칭해 '위키(Wiki) 생태계'라는 것에 주목해서 봐야 한다. 90년대 특허권의 만료와 함께 시작된 렙랩 (reprap) 프로젝트와 같은 초기의 3D 프린터는 '컵케익 프린터'라 불린 메이커봇사(makerbot. com)의 3D 프린터로 인해 꽤 큰 성공에 이른다. '뉴욕 레지스터'라는 해커스페이스에서 만난 이들이 메이커봇을 탄생시킬 때 이들은 렙랩의 오픈소스를 공유했으며 이것에는 자율적 기여를 통한 기술의 개선과 (재)공유라는 오픈소스의 철학적 태도가 바탕에 깔려 있었다.

오픈소스형 기계의 대중화는 이미 생존의 조건이 배타적 기술 싸움에서 '개방과 공유'라는 가치 하에 이루어지는 생태계로 전환하였음을 상징한다. 물론 이 오픈소스 하드웨어계의 히어로 같은 대접을 받고 있던 메이커봇사가 2012년 '리플리케이터2(Replicator 2)[9]의 큰 대중적 인기 이후 오픈소스를 포기한 것을 보면 이러한 공유와 기여의 가능성은 본격적인 시장 전쟁에 이르면 중도 포기되는 연

---

8) 고치고 손본다는 tinker에서 나온 표현

9) 국내에서는 '리플리케이터2'와 외관까지 흡사한 '에디슨'이라는 3D 프린터가 2013년 출시되었었다. 거의 동일한 소스에도 불구하고 에디슨 제작사는 오픈소스로 제작되었음을 함구해서 국내 메이커씬에서 빈축을 샀다. 이러한 오픈소스 3D 프린터들은 멘델, 리플리케이터라는 그 이름들처럼 자기들의 몸체를 동일 복제 즉 한 대의 3D 프린터가 동일한 부품을 출력해서 똑같은 프린터를 복제해낼 수 있다고 자신한다. 실제 그것이 쉬운 일은 아니더라 하더라도 모델의 이름에서 느껴지는 생명공학적 뉘앙스는 상당히 흥미롭다. 국내에서는 오픈소스 커뮤니티를 통해 발전되어 온 오픈 크리에이터즈(open creators)라는 그룹이 Almond라는 3D 프린터를 2013년 말에 출시하였다. 이 프린트는 2012년 이후에 출시된 대중적 프린터들이 에스프레소 머신 같은 가정친화적 디자인 코드를 부각시키는 것과 비슷한 전략을 구사하는 데 나무를 사용해 가구와 같은 느낌을 주도록 만들어졌다.

약한 것인지도 모르겠다. 어쨌든 이 기계들은 웹을 통해 공유되고 보완되는 오픈소스와 위키의 협업과 공유 정신을 그 한 축으로 그리고 복제적 설계구조를 또 다른 한 축으로 삼고 "같이 놀아볼래?"라는 적극적 자세로 제조업의 한정적이었던 수요를 크게 개방하고 있다. 이는 현재와 같은 다종의 제작인 문화, 협업적 메이커 스페이스를 만들어 내고 있는 기제임과 동시에 그 수혜를 받는 말단 이용자까지도 최종 완제품을 생산해내는 개인 제조업 형태로 쉽게 이동할 수 있는 기제로 작동함을 알 수 있다. 즉 이는 'DIY를 기본으로 하는 자작 문화 역시 'DAFY'(design-and-fabricate-yourself)라는 또 다른 산업적 가치 안으로 재맥락화 되고[10] 있음을 또한 보여준다. 이러한 맥락에서 3D 프린터를 매개로 하는 제조 장비들은 새로운 산업혁명을 만들어낼 것이라는 예측이 만들어지고 있는 것이며, 개인 제작의 측면과 2차 산업으로서 제조업을 넘어서는 인지 제조업이라 할 만한 측면에서 현재의 현상을 바라보아야 하는 이유이기도 하다.

더 이상 인간을 악마의 맷돌과도 같은 산업사회의 톱니바퀴 안에 가두지 않겠다는 의미로도 읽히는 오픈소스 하드웨어 로고는 톱니 한쪽이 열린 모양새를 취하고 있다. 이들은 '모든 지적 재산은 인류 공동의 자산'이라는 자유소프트웨어 운동의 철학을 공유하고 있으며 사이버행동주의의 표현이 되기에는 어렵지만 신세계에 대한 열정을 읽을 수 있었던 오픈 소스 소프트웨어, 크리에이티브커먼즈 등 대안적 저작권 라이선스의 생성과 젖줄을 같이 하고 있다. 그리고 이제

---

10) 3D 프린터의 정치경제학(The political economy of 3D printing) by Vasilis Kostakis and Michalis Fountouklis.

이들은 서로가 섞여 들어가며 '오픈소스 문화'라는 인식 태도와 플랫폼을 형성하고 있는 것이다. 그리고 오픈소스 커뮤니티의 역동성은 그대로 개인 제조의 역동성으로 다양한 제작공간들과 메이커 페어와 같은 축제들을 통해 확장되어 간다.

결국 오픈소스의 본질은 정보기술을 통한 체화의 문제이며 그것을 추동하는 것은 민주화되는 각종 기술들, 예컨대 깃허브(github), 씽기버스(thingiverse)와 같은 플랫폼 그리고 킥스타터(kickstarter)와 같은 크라우드 펀딩 사이트들일 것이다. 여기에 서킷 스크라이브(circuit scribe)[11]와 같은 '펀'(fun)하고 부드러운 소품들은 기술의 민주화란 표현조차 어울리지 않을 정도로 문화적이고 미적 감각이 뛰어나다.

최말단의 사용자에게 이제 '당신이 생산의 주체'라고 하는 궁극의 분산 생산시스템 아래에서 그렇다면 우리는 독립적 생산 수단을 가지게 되었음에 환호해야만 할까? 공유지와 공공성 논의가 기업의 소셜 솔루션이라는 개념으로 변질되어 갈 때, 오픈소스와 공유, 개방, 창조성의 가치들이 물신화되어 국가 경제 성장 전략으로 우선적으로 배치될 때 우리는 왜 이렇게 흘러가는지 의문을 가져야 할 것이다. "세상을 오픈소스화하고 싶어하는 자가 과연 누구인지"[12] 물어봐야 하는 것이다. 물론 산업사회의 위계적 생산 시스템 속에 살고 있는 특허 괴

---

11) 얼마 전 킥스타터(kickstarter)에서 펀딩이 끝난 전도성 펜(conductive pen). 연필처럼 그려주는 것으로 전선 없이 전자 회로도를 구성할 수 있다. 12,000명이 넘는 사람들이 67만 달러가 넘는 금액을 모아줬다.

12) 〈Critical Making〉 알렉스 갤러웨이(Alex Gallaway) 인터뷰 내용 중. 관련 자료는 안양공공예술프로젝트(APAP)의 '만들자 연구실'의 만들자마라톤을 위한 읽기 꾸러미로 4편이 번역되어 공개되어 있다.

물에 대한 대항으로 본다면 이 새로운 개방형 기술들은 여전히 엄청난 저항적 추동력이다. 그리고 잊지 말아야 할 것은 이것은 우리가 오랫동안 갈망해온 지식과 기술의 개방의 현실적 형태라는 것이다.

3. 시장의 기술: 아두이노와 갈릴레오의 경우[13]

인본주의는 인간을 인간이라고 생각되어지기 위해 만들어진 가장 허구적이고 인위적인 장치일지도 모른다는 예감을 담았던 수많은 사이버펑크의 정신들이 구현되는 것은 아마도 오픈소스 하드웨어를 통해서가 않을까 하는 생각이 들 때가 있다. 이들은 인간의 인식과 지각을 더 진화시키는 것은 기술이라는 믿음을 공유하고 있으며 이것은 이미 이 시대 "나의 엄마는 컴퓨터"[14], 나의 절친은 아두이노인 이들이 체현하고 있는 정보기술적 DNA이기도 하다.

아는 이에게는 식상하고 모르는 이에게는 여전히 핵융합 기술처럼 경이로운 아두이노라는 보드에 대한 흥미로운 얘기를 들어보라. 이탈리아어로 '친한 친구' 정도의 뜻으로 번역된다는 이 작은 보드는 '마이크로 컨트롤러'라고 불리는 종족들 중 하나인데, 쉽게 풀이하자면 작은 기판에 감지 센서 등을 덧붙이고 프로그램을 넣어주면 상호작용이 가능한 장치를 만들 수 있게 해주는 초소형 컴퓨터와 비슷하다. 온갖 기능을 레고 블럭처럼 조립하듯 추가할 수 있는 확장 쉴드들과

---

13) 이 단락은 2014년 1월 6일자 『한겨레 21』에 실린 〈황야의 제작자〉 원고를 확장 구성한 것임을 밝힌다.

14) 캐서린 헤일즈(N. Katherine Hayles) My mother was a computer.

함께 오픈소스이다 보니 아두이노를 그대로 베껴낸 카피 보드들까지 합치면 이미 꽤나 복잡한 가계도를 구축하고 있다. 거기에 라즈베리파이, 비글보드 등 기술 자작형 문화(Tech DIY)의 흐름을 가열시키고 있는 보드들까지 모두 합쳐본다면 초소형 컨트롤러들이 만들어내고 있는 사물계가 이미 만만치가 않다는 것을 알게 될 것이다. (얼마 더 지나면 '공정 무역' 라벨이 붙은 전자부품들을 파는 '윤리적 소비' 가게가 등장할지도 모르겠단 쓸데없는 상상도 잠시 해본다.)

이 아두이노는 지금의 Tech DIY의 대중화를 끌어온 가장 큰 미디어이자 앞으로 벌어질 사물 인터넷(Internet of Things) 세상의 가장 분산적 창조성이 결집된 플랫폼이기도 하다. 이러한 '공유지'를 통해 꽤나 많은 제작자들이 '만들고(build) 나누고(share) 돈을 벌고(make money)' 있는 것이다. 국내 대형 서점에서는 취미 공학서라는, 지극히 그 폭소노미적 본질을 외면하는 듯한 카테고리로 이들 기술이 분류되어 있지만 컨트롤러 보드들은 이미 취미가의 손을 떠나고 있다. 이른바 자본주의 시장이 형성되고 있는 것이다.

최근 Tech DIY 시장의 확대를 눈여겨 본 인텔까지 자사의 프로세서를 탑재한 갈릴레오라는 보드를 ─우주가 비치는 선글라스를 낀 갈릴레오의 얼굴이 프린팅 된 패키지에는 '너 뭐 만들 꺼야?' (What will you make?)라는 흥미로운 문구가 새겨져 있다─ 역시 오픈소스 형태로 출시했다. 더욱이 인텔의 것은 아두이노와 호환 가능하게 개발함으로써 그간 아두이노 커뮤니티를 통해 형성된 기술 생태계와 공개된 소스들에 쉽게 접붙을 수 있게 설계가 되게 했다.

인텔이라는 공룡이 갈릴레오라는 제품 판매를 통해 신흥 시장 진출을 해보겠다는 의도도 있겠으나 보다 크게는 최근 사물 인터넷이 만들어낼 거대한 시장에 거는 기대 그리고 그 시장을 위한 가장 효율적 기술 개발의 방법으로 오픈소스 커뮤니티를 활용하는 전략 역시 크게 자리하고 있다고 볼 수 있다. 씹고 뜯고 맛보며 호기심을 충족시키는 "메이커 커뮤니티들이 우리의 제품을 사용해 창조적 과업을 수행"해주기를 희망하는 이 갈릴레오는 현재의 제작 문화가 앞세우는 자발성, 개방과 공유, 기여의 태도가 기업에게 얼마나 구미 당기는 기술 개량의 추동력이 되는지를 간파할 수 있는 대목이다. 이 흐름들은 왜 현재의 제작 문화가 개인 취미의 영역에서 끝나지 않는지 그리고 개인의 창조성이 어떤 방식으로 시장과 긴밀히 연결되는지 생각하도록 이끈다.

4. 문화의 기술: MakerSpace@MakerMovement

'메이커운동'(Maker movement)에 대해 언급해보자. 이것은 오라일리 미디어(O'Reilly Media)에서 출간되는 잡지 「메이크(Make)」나 '메이커 페어'(Makers' Fair)[15]와 연결되는 언급일 수도 있겠다. 메이커운동의 출발이 '필요한 것을 만드는 사람들이 스스로 방법을 공유하고 발전시키는 운동'임을 생각한다면 이는 분명히 성공한 운동일

---

15) 2005년 오라일리사에서 발간을 시작한 메이크 잡지는 국내에서도 한빛 미디어를 통해 계간의 형태로 출판되고 있으며 국내 '메이커 페어' 역시 한빛 미디어에서 주관하고 있다. 1회는 2012년 서교예술실험센터에서 열렸으며 2회는 대학로 예술가의 집에서 열렸다.

수 있다. 일부 IT전문가들은 컴퓨터와 인터넷에 이어 '제 3차 산업혁명' 시대의 도래를 호들갑스럽게 쏟아내고 그 긍정성을 강조하는 맥락에서 이를 '운동'으로 표현하고는 있다. 하지만 거대 자본과 공장에 의존하지 않고 디지털 기술을 이용하고 서로 공유하며 누구나 사물과 물건을 제작할 수 있는 것을 의미한다면 메이커를 상업적 브랜드화로만 판단하는 것은 좀 섣익은 접근에 해당한다. 앞서의 논지 속에서 추척해온 지형들과 함께 사고해본다면 이미 현실적으론 메이커 문화는 다방향성을 가진 '흐름'이라고 보는 것이 더 정확할 거 같다.

메이커운동의 긍정성을 가진 가장 대표적 제작 공간으로 잘 알려진 곳은 해커스페이스와 팹랩(Fabrication Lab)[16]을 들 수 있을 것이다. 해커스페이스는 풀뿌리적인 접근 방식으로 자율적 기술문화에 대한 대중의 접근성을 확장시킨 곳이다. 과학, IT, 예술, 디자인 등에 바탕에 둔 다양한 지식을 워크숍, 협업, 강의 등의 형태를 통해 공유하고 작업하는 공간이며 많은 해커스페이스들은 IT 분야의 기술 외에도 요리, 수공예, 재봉 등의 요소 역시 중요하게 다룬다. 또한 자유 소프트웨어, 오픈 하드웨어, 대안 미디어에 대한 사용과 개발을 이들 공간의 철학으로 담고 있다. 현재 다른 제작 공간들과 마찬가지로 점점 확대되고 있는 추세이며 해커스페이스의 기술제작문화 지형은 조금씩 새로운 전환기를 맞고 있다. 이제 해커스페이스는 해커윤리나 만들기의 정치성, 하위문화로서의 장소성[17]을 가지기 보다는 생산 설

---

16) 2012년 팹랩 국제 컨퍼런스 자료에 의하면 전 세계적으로 36개국에 120여 개의 팹랩 네트워크가 형성되어 있고, 매해 이들이 모이는 컨퍼런스가 개최된다. 작년의 경우 fab9이라는 이름으로 일본에서 개최되었다.

17) 위키피디아에 첫 번째 해커스페이스로 소개되어 있는 베를린의 해커스페이스 C-BASE는 이러한 하위문화로써의 정보기술-제작 문화의 정치성을 여전히 간

비를 갖추고 제조법을 공유하며 기기와 제품을 만드는 데 열광하는 사람들이 모여들고 있다. 이런 비즈니스적 변화를 감지하는 몇몇 사람들은 해커스페이스 내 정치성의 회복을 강조하기도 한다.

MIT 미디어랩의 "무엇이든지 거의 제작하는 법(How to make almost anything)"이라는 제목의 수업이 공간적으로 펼쳐보여줬다고 볼만큼, 팹랩은 디지털 제작 장비들을 한 곳에 모아놓은 공작소이자 소형 공장이라 할 수 있다. 팹랩은 MIT의 비트와 아톰 센터(Center for Bits and Atoms)와 풀뿌리 발명 그룹(The Grassroots Invention Group)의 공동 실험 모델로 지역 공동체가 직접 지역의 문제를 해결하는 사회적 제작소라 할 만한 모델로 시작되었다. 디지털 제조 기술의 접근 및 교육의 민주화 모델로 시작된 팹랩은 운영주체(비영리 단체, 대학, 연구소, 개인 등)와 사용자의 목적에 따라 다양하게 활성화되고 있다. 현재는 미 국립 과학재단(NSF)과 미국방고등연구기획국(DARPA)의 후원[18]을 받아 제3세계를 비롯한 여러 나라에 다양한 실험 모델을 확장하고 있으며 공동의 작업을 위한 동일 설비의 세팅을 요구하는 것을 제외하고는 그 설립에 큰 제한은 없다. 이런 제작 공간의 모델이 제조업을 통한 부활이라는 도시 재생 담론과 연결되며 프랜차이즈화 되어 나타나는 것이 미국의 테크숍(Tech

---

직한 곳으로 보여진다. 청개구리제작소 C-base 탐방기 참조(www.fabcoop.org/archives/1271)

18) 미 국방고등연구기획국(DARPA)은 메이커 페어도 2012년부터 지원하기 시작하였고 이에 대해 논란도 있었다. 한 지인은 2013년 뉴욕 메이커 페어에 등장한 다수 자작물의 뚜렷한 군사 무기적 색채에 우려를 금치 못했다. 수많은 기술이 군에서 시작된 것을 생각해보면 이러한 흐름이 개인 제작 문화를 통한 군사 기술의 아웃소싱화 경향이라는 우려도 크게 지나치지는 않은 듯하다. 이처럼 공유적이고 자율적 제작의 생태계가 커질수록 제작 운동의 가능성은 커질 것이나 그 가능성만큼 어두운 그림자 또한 깊어질 듯하다.

Shop) 모델[19]이라 할 수 있을 것이다. 대규모의 개인 제조 공장이 어려운 일본의 경우는 카페의 형식으로 형성되어 것도 흥미롭다. 크리에이티브와 관련한 컨설팅과 프로젝트를 벌이는 기업 '로프트 워크(Lofework)'가 시부야에 연 팹카페(Fab Cafe)가 그러한 모델일 것인데 현재 제작문화는 온라인 커뮤니티 외에도 이러한 다양한 공간의 생성을 통해 점점 더 확대일로에 있다.

한국에도 이런 제작 공간의 모델들이 새롭게 형성되고 있다. 강남의 플래툰 쿤스트 할레에서 활동하던 '해커스페이스 서울'이 을지로에 자리를 잡았다가 합정동의 노닥노닥 스튜디오라는 커뮤니티 공간으로 들어갔으며 스타트업 지원기관 타이드 인스티튜트(tideinstitute)가 기술문화의 장소성과 생산성을 가진 세운상가라는 지역적 입지를 연계해 '팹랩 서울'을 오픈했다. (최근 팹랩 서울은 SK의 일부 지원을 받아 SK 팹랩 서울이라는 명칭을 사용하기 시작했다) 또한 땡땡이 공작이 만든 자율적 제작공간 '릴리쿰', 해커스페이스를 표방하는 대전의 '무규칙이종결합공작터 용도변경', 스튜디오 노닥노닥의 활동도 흥미롭다. 그리고 안양공공미술프로젝트에서 실험한 '만들자 연구실'(making lab), 경기도 중소기업청 '셀프제작소', 광주의 아시아 문화 전당의 일환으로 계획된 '팹랩 광주' 등 그 결들과 스펙트럼은 점점 다양해지고 있다.

행정과 제도 영역에서도 제작공간 지원이 그 결에 따라 성격을 달리하며 조성되고 있다. 사회적 경제의 활성화와 함께 '마을예술창작

---

19) 도시재생이 흔히 regeneration이라는 표현으로 쓰였다면 최근 들어서는 fix 혹은 repair라는 제조의 표현이 사용되는 변화가 관찰되는 것도 흥미로운 현상이다.

소'가 행정차원에서 지원되고 있으며 미래창조과학부는 창조경제 생태계 조성을 위해 '무한상상실' 시범운영 계획을 발표하고 2013년 8월에 무한상상실 1호점을 국립과천과학관에 오픈했다. 이 공간 모델은 디지털 장비를 활용한 시제품 제작에서, 아두이노를 활용한 하드웨어 제작에 이르기까지 개인의 아이디어의 실현을 위한 설계를 돕고 제작에 필요한 장비와 기술을 지원하는 공방·실험형 제작 공간모델이라고 할 수 있다. 여기에 이러한 제작 문화와 함께 빠트릴 수 없는 대중적 코딩 교육 프로그램 —생활코딩, 멋쟁이 사자처럼(코드 라이언)— 과 같은 흐름도 주목해야 한다. 이러한 제작공간, 오픈된 다양한 리소스들을 접할 수 있는 플랫폼, 크라우드 펀딩, 코딩교육 그리고 각지에서 열리는 60여개의 크고 작은 메이커 페어(Maker fair)와 같은 박람회는 현재의 고양된 제작 문화를 떠받치는 그물망이자 구름계와 사물계를 연결시키는 고리들이다.

5. 다른 알고리듬을 만드는 기술

이처럼 '만들기'라는 제작 행위는 신사업의 추동력, 행정의 지원, '메이커'란 글로벌 호칭을 얻어 점점 그 흐름을 강화하고 있다. 물론 '제작이라는 것'의 전 지구적 문화적 토대와 이 시대의 가능성을 단지 이러한 '메이커' 흐름으로만 축소할 수 없다 하더라도 말이다. 그리고 이러한 개방된 사회의 창조적 역량의 문제는 이곳에서 어떤 현실적 모양새를 취할지는 아직 명확하지 않다. 물론 영어몰입 교육에 더해

코딩 몰입교육, 메이커 학원의 출현으로 이어지지 않을까라는 우스 갯소리가 벌써부터 떠돌고 있다.

이런 기예들에서 보듯 정보기술을 포괄하는 제작의 문제는 현란하다. 신사업의 측면, 지식의 개방 공유와 자립적 생산의 가능성 양가적 측면 모두를 보여주고 있다. 제작자 문화의 측면에서 개방적 구조를 취하지 않는 산업 사회의 생산물이란 '악'이다. 깊게 숨겨진 블랙박스와 같았던 기술의 구조나 작동 원리에 개인의 직접적 개입을 가능하게 하는 그 개념 자체가 어쨌든 상당한 대항성을 가지고 있는 것이다. 메이커문화는 이렇듯 기술의 민주화를 돕고 가속화한다. 하지만 우리가 인지하는 것처럼 진짜 혼돈은 민주화에서 시작된다. 즉 제작 문화의 호명과 유행은 우리의 호모 파베르적 존재를 재확인하기보다는 오히려 우리가 얼마나 강렬한 문화적 파생 상품화의 방식에 익숙한가를 새롭게 상기시킨다.

이 아크로바틱들을 일별한 지금 우리는 이 글을 어떻게 마무리할 수 있을까? 지정학적인 문제를 많은 부분 무시한 이 글은 그것으로 인한 한계에도 불구하고 일반화의 오류를 범하고 있다고 생각하진 않는다. 거의 동시적으로 나타나는 이 제작의 기예들은 이곳에서는 좀 더 관치적인 형태로 드러나긴 하나 세계 도처의 창조도시와 공명하는 동일적 패러다임에서 그다지 벗어나 있지 않기 때문이다. 그리고 이 글을 쓰는 동안에도 물질계와 구름계는 현란하게 서로의 살을 짓고 있고 우리는 수많은 사례들에서 보듯 대항으로 드러나는 것들이 또한 얼마나 포섭의 논리와 밀접한지를 매일매일 새롭게 인식하고 있다. 그런 면에서 제작 문화를 대안으로 인식하고 있는 시선과 창업의 새로운 모델로 바라보려는 시선은 서로 크게 다르지 않다. 물론 모든 것을 떠난 '목적 없는 즐거움'이란 제작 문화의 가장 강력한 지층은 이 모든 조망을 일순간 무화시킨다. 모든 것을 떠나 그저 흥미와 생존이라는 이중의 운동이라 할지라도 온갖 센서를 장착하고 우리의 피부 위로 덮여질(wearable) 태세를 갖추고 있는 그 살들을 주의 깊게 바라본다.

어떤 알고리듬을 이 살들 사이로 구축해볼 수 있을까. Tech DIY도 사회적 변화에 참여할 수 있음을 열렬히 변호한 가넷 허츠(Garnet Heart)의 '크리티컬 메이킹(Critical Making)', 틀림없이 지금의 제작 문화의 교본들을 충실히 활용하면서도 의미 있는 시민과학의 활동을 보여주는 퍼블릭 랩(Public Lab), 정보기술의 행동주의 문법을 만들고 있는 텍티컬 테크 콜렉티브(Tactical Tech Collective)는 변화하고 있는 인지와 감각의 전선을 부지런히 추적하는 활동들을 수행하는 그룹 실험들이다. 이런 참조들로 우리의 알고리듬을 다시 재구축해야 하는가? '사회 참여적 제작'이라는 웃긴 신조어라도 만들어야 하는 걸까? 문화적 파생 상품의 또 다른 극단에 헛된 행동주의의 위험도 도사린다. 경이로운 살들을 목격하고 우리가 지금 서있는 곳을 다시 둘러보자. 지도와 GPS, 사이버스페이스를 합쳐 새로운 지리 감각을 구성해본다. 한편으로는 '이념이 조락하지 않은' 이곳의 오랜 풍경과 해커 윤리의 기묘하게 산뜻한 조합도 공간을 배경처럼 둘러싸고 있다. 이들 풍광 앞으로 폭력적인 노동의 조건에서 해고노동자들이 분업해 만들었던 기타와 오픈소스로 다운로드 받아 레이저 커팅된 기타, 레고블록으로 만든 센서형 자작 기타가 동시적으로 보인다. 우리가 애초에 가졌던 욕망을 떠올린다. 그것은 그저 살아있는 몸이고 싶다는 욕망이었다. 그리고 이제 사물과 데이터들이 함께 구성되는 몸의 알고리듬을 다시 구축해본다.

문화연구와 정보과학, 기술

원용진

문화연구의 태만?

문화연구는 문화정치학으로 불려도 무방하다. 문화의 영역을 정치의 영역으로 사고했을 뿐 아니라 정치를 헤게모니적 과정으로 보았다는 점에서 현대적 의미의 문화정치학이라 할 수 있다. 이 때 정치는 정치, 경제, 사회로 나누는 전통적 구분법 속 영역 이상이다. 오히려 페미니스트들이 일상과 개인적인 것을 정치적인 것으로 파악했을 때의 정치의 의미에 더 가깝다. 그러므로 문화연구에서 정치는 특화된 영역이 아닌 개인의 일상을 둘러싼 조건들, 사건들 그리고 결과들을 의미한다. 문화연구자가 문화를 평범한 일상으로 파악하는 일은 당연해진다. 일상의 표면, 즉 문화의 맨얼굴을 훈련된 인식론으로 표면 너머의 인간사, 일상의 연구가 문화연구의 목표이다. 그런 점에서 문화연구는 건방지게도 사람들의 살림살이 전반을 다 알고자 하는 욕망을 가진 학문 분야이기도 하다. 그래서 문화정치학이기도 한 것이고.

그같이 광범위한 연구 범주를 설정해두고 인간사를 꼼꼼히 살펴보겠다는 문화연구가 새로운 정보과학, 기술의 등장에 무관심했을 리가 없다. 근대성을 구성하는 요소 중 빠트릴 수 없는 것이 계몽주의고, 계몽주의에 이은 과학기술의 진전 또한 근대성의 핵심 중 핵심 요소이므로 문화연구가 그를 그냥 스쳐갔을 리는 만무하다. 문화연구가 묻히고 있는 전통 속에서도 과학, 기술 분야는 늘 주요 사유 대상이었다. 프랑크푸르트의 비판연구 전통은 과학, 기술을 정면에서 다루었다. 계몽주의 이후 인간사가 과잉 이성을 기반한 과학, 기술에 함몰되고 그에 대한 반성적 이성을 챙기지 못한 것에 대한 비판이 비판연구의 대강이었다. 그들의 비판적인 관점에 동료이기도 한 발터 벤야민은 약간은 다른 의견을 내놓았다. 새로운 매체 기술의 등장이 새로운 감각을 추동시킬 가능성을 찾았고, 그 감각을 기반한 인간과 인간 대상간의 합일 가능성을 찾기도 했다. 이처럼 문화연구의 지적 자극의 일부분이기도 했던 비판연구는 정보과학, 기술을 다루었고, 그 후예 중 일부분은 스스로를 문화연구자라 칭하며 그 전통을 계승하고도 있었다(Agger, 1992).

유럽 전통 뿐만이 아니다. 대서양을 사이로 두고 마주한 캐나다에서도 정보과학, 기술을 색다르게 토론하려는 움직임이 있었다. 물론 이에 대해서도 문화연구자들은 관심을 지속적으로 보여 왔다. 캐나다 커뮤니케이션 학파(The Canadian Communication School)의 막내 격인 맥루언은 그 대표적인 인물이다. 맥루언의 경구인 "매체가 메시지다"(The Medium is the Message)는 문화연구가 특정 매체의 장기 지속 그리고 새로운 매체의 등장과 인간 생활의 변화 간 관계에 주목하게 해주었다. 텔레비전의 등장과 가정 생활의 변화, 모바일 폰의 등장과 우정 형성 변화 등등. 문화연구자 중 맥루언의 적자임을 표방하는 자는 없으나 그의 학문적 유산을 외면하는 문화연구자가 없는 것을 보면 문화연구가 새로운 정보과학, 기술에 민감했던 것을 부정키는 어렵다.

문화연구의 비조(鼻祖)로도 알려진 레이몬드 윌리엄스도 텔레비전을 사회 구조와 함께 다루면서 과거 전통적인 기술 결정론을 비판하는 작업을 폈다(Williams, 1974). 텔레비전이 대중의 삶을 바꾸는 것처럼 설명하는 방식에 반대하며 이동성의 사사화(Mobile Privatization)란 개념을 제안했다. 근대적 의미의 가정 안으로 공적 영역이 사사화되면서도 이동성은 늘어나는 조건, 환경과 텔레비전의 탄생, 보급은 관계가 있다는 설명이다. 정보과학, 기술을 받아들일 사회적 조건의 성숙 없이는 특정 기술이 성공적으로 보급될 수 없다는 주장인 셈이다. 결국 특정 정보 기술은 사회성을 띨 수밖에 없으며, 그 사회성 탓에 대중이 정보과학, 기술에 개입할 여지가 남겨지게 된다. 윌리엄스는 문화연구의 시작부터 정보과학, 기술이 주요 대상이 되었음을 보여주는 결정적인 예다.

그런데 왜 문화연구는?

문화연구가 기반으로 삼는 초기 여러 연구들은 정보과학, 기술에 대해 언급했던 흔적들이 지니고 있지만 점차 문화연구가 제 기반을 잡아가면서 제대로 천착을 하지 않는 태만을 보였다. 정보과학, 기술이 비약적으로 발전한 역사에 비추어 보자면 의외의 일이 아닐 수 없다. 정작 해야 할 때 하지 않은 중대한 태만이라 지적하지 않을 수 없다. 인터넷과 모바일을 통한 대중들의 일상 변화에 대한 관심은 과거

문화연구가 지속적으로 특정 계급, 계층의 일상 변화에 보여 왔던 관심에 비하면 상당히 처져 있다.

문화연구가 영국의 노동계급 청년에 관심을 보였던 때를 복기 해보자. 영국은 매끈한 미국의 대중문화가 영국의 노동계급 청년들에게 전파되고, 그를 그대로 받아들이거나 혹은 변형해 받아들이는 청소년의 일상에 주목했다(Hebdige, 1979). 물론 그들이 노동계급의 청소년이었기에 문화연구의 대상이었고, 또한 연구 대상이 되었다. 그러나 그들이 부모 세대와는 다른 방식의 정체성 구성 및 유지라는 메카니즘, 역동성을 갖고 있었다는 결론에 이르게 된다. 텔레비전, 대중음악 등의 대중문화로부터 일방적으로 영향을 받는 듯 보이지만 실제로는 그와 다른 수용 경로 양상이 있다는 결론을 내린다. 그 같은 접근, 관찰, 결론에 비하면 지금 가히 혁명적이라 할 만큼 일상을 변화시키고 있는 정보과학, 기술에 대한 문화연구의 관심은 상대적으로 적은 것이라 할 수 있다. 정작 제대로 다루어야 할 시기에 그를 비켜갔다는 점에서 의외의 일이라고 표현할 수밖에 없다.

인터넷이 중산층 이상의 가정에 주요 미디어로 자리 잡고 정보 플랫폼이 되었을 때도 문화연구는 그에 대해 천착하지 않았다. 빅브라더나, 패놉티콘 등의 거대 담론에 기대어 지배 구조가 새롭게 형성된다는 사실을 설파하기는 했지만 구체적으로 일상이 어떻게 바뀌고 있는지, 그 변화는 사회변화와 어떤 관계를 맺을 지에 대한 논의를 놓치고 있었다. 인터넷이 피크에 이를 즈음은 문화연구도 각 분야에서 인기를 구가할 때였는데도 그 사안에 대해 눈을 감았다. 관심을 가졌던 일부분 문화연구자들 조차 그를 활용하는 매체 활동(media performance)에만 초점을 맞추고 있을 뿐이었다. 소니의 워크맨이 등장했을 때 개인 주체에 미칠 영향을 밝히기 위해 그것의 생산, 유통, 수용에 이르기까지 논의했던 문화연구의 과거를 생각하자면 아쉬운 대목이 아닐 수 없다(de Guy et al., 1996).

왜 그런 일이 문화연구에 생기게 된 것일까? 초기 원조들의 관심이 이후 연구들로 이어지지 못한 이유는 무엇일까? 몇 가지 이유를 추정해볼 수 있겠다. 우선 문화연구가 오랫동안 매체와 관련한 연구들에서 의미(semiosis) 논의에 집중했다는 점을 들 수 있다. 매체의 이데올로기 연구, 수용자의 해석 연구, 문화 텍스트 연구는 오랫동안 문화연구의 중심 기둥 역할을 해왔다. 그 결과 텍스트를 생산하는 과정, 수용하는 과정, 그에 관여하는 인자와 조직 그리고 만들어진 서사, 수용하는 주체에 대한 논의가 많았다. 새로운 정보기술이 다가온 이후에도 여전히 이 같은 전통 하에서는 정보가 어떻게 생산되고 수용되는가에 초점이 맞추어질 뿐이다. 생산하고 수용하는 방식에 영향을 미치는 매체, 매체 기술에 대한 논의가 빠지게 되었다. 이 빠진 영역을 '매체론'이라고 부를 수 있을 텐데, 알다시피 커뮤니케이션학은 전통적으로 매체론에 약점을 보여 왔다. 누구든 맥루언을 입에 올리지만 구체적으로 그를 길게 이야기하지 못하는 것도 매체론 약점 탓이다. 문화연구도 예외가 아니다. 의미에 치중하다 보니 매체기술, 매체의 성격, 매체의 코드에 대한 논의는 적었다. 정보기술에 대한 논의가 문화연구에 더 추가되고 둘 간에 접합이 이뤄져 이 책의 필자들이 주장하듯이 기술, 정보 문화연구가 생성될 수 있다면 매체론의 강화는 필수적인 일이라 하겠다. 그런 점에서 기술, 정보 문화연구는 의미 중심의 문화연구를 새로운 지평을 가진 문화연구로 옮겨놓는 계기가 될 거라 짐작할 수 있다.

문화연구가 오랫동안 멘토로 삼아왔던 그람시는 이론적 비관과 현실의 낙관을 주장해왔다(pessimism of the intellectual, optimism of the will).

문화연구가 점차 제도화되자 많은 연구자들이 대학에 자리 잡게 되었다. 문화연구가 직업이 되는 일이 벌어진 것이다. 그러면서 이론은 정교해지고, 사회변혁의 의지는 엷어지는 결과로 이어진다. 뿐만 아니라 문화연구의 전망과는 달리 신자유주의 국면에서 변혁적 주체의 등장이나 지속보다는 주체의 소멸 내지는 비관적 주체의 등장을 겪게 된다. 정보기술을 문화연구에 접목시켜 새로운 변혁을 꾀하는 일보다는 정보기술의 권력화에 대한 경계, 비판에 더 주력하게 된다. 주체에 대한 믿음도 줄어들었으므로 새로운 매체 기술을 활용하는 주체 논의는 오히려 자유주의자들이 꿀꺽 삼키게 된다. 자유주의자들은 정보기술의 진전으로 시민들이 능동적이게 되었다며 후기 자본주의 사회를 노래하게 된다. 정보기술 논의 의제를 자유주의자들에 선점당하게 되었고 비관적 지성을 기반으로 한 기술, 정보 디스토피아에 대한 묘사가 많아지면서 꼼꼼한 분석들은 등장하지 못하게 된다.

세 번째 이유로 들 수 있는 것은 문화연구의 경로 의존성(Path dependency)이다. 이는 첫 번째 이유와 겹치는 부분으로 정보, 기술 연구를 할 만한 이론 및 방법론의 부재, 미비를 의미한다. 문화연구는 과학, 기술과 관련해 푸코의 권력(power), 들뢰즈의 장치

(dispositif) 논의에 기댄 바가 컸다. 권력과 장치론은 거대 담론에 속한다. 과학, 기술이 권력이고 장치가 된다는 논의 속에서 디테일하게 어떤 부분이 그렇고, 그 권력 작동이 구체적으로 어떤 식으로 이뤄진다는 논의는 자리 잡지 못했다. 권력과 장치론이 큰 담론 혹은 사상에 가까운 것이었다면 그로부터 파생되는 중범위 이론(Middle Range Theories)이 필요했고, 그 이론에 맞추어 분석할 수 있는 방법론의 개발 또한 필요했다. 그러나 간혹 이뤄지는 문화연구 내 정보과학, 기술 연구들은 새로운 이론과 방법론 대신 이미 진행되어 왔던 논의들에다 비판적 담론분석(CDA), 역사 연구 등에 기댄 연구를 해왔다. 기존 연구 경로에 의존하다 보니 연구의 확장성이 떨어졌던 셈이다. 당연히 기술정보 연구도 과거의 문화연구에 흡수되어 보이고 새로운 면모를 보여주기 쉽지 않게 된다.

매체에 관심을 가졌던 문화연구들은 의외로 매체 간 연결이나 접속성에 대한 관심이 적었다. 점차 새롭게 등장하는 정보기술 매체는 다른 매체를 재매개(re-mediation)하거나 연결하는 능력(inter-mediability)을 갖는다. 텔레비전 시청에 이어 인터넷을 통한 소감의 전달이 행해지고, 그 전달은 토론의 의제가 되고, 그 의제가 다시 텔레비전 프로그램 제작에 흡수되기도 한다. 텔레비전 시청 그것만으로 마감될 정도로 사회가 간단하지가 않다. 대중들의 손에 들어 있는 모바일 기기는 텔레비전 시청과 소감적기 그리고 토론하기를 한꺼번에 할 수 있도록 디자인되어 있다. 텔레비전 수용자 또한 텔레비전을 인터넷, 모바일 기기 등과 연관하여 사고하고 있다. "연결되어 있으므로 매체다"라는 새로운 경구가 지금의 정보기술 시대의 특징을 말해주고 있다. 총체성으로 대중의 일상에 접근하던 문화연구가 어느 틈엔가 개별 매체들에 관심을 두게 되어 매체 총체성 격인 재매개, 인터미디어빌리티 등에 대한 논의를 않게 된다. 그런 흐름이 정보기술 문화연구의 지진을 야기하였다.

작은 시도와 제안들

문화연구가 기술, 정보 분야에 대해 이러저러한 이유로 정확하게 메스를 대지 못한 것을 지적하는 것은 학문적 이유 때문만은 아니다. 기술과 정보는 이미 현대 사회의 대중과 한 몸이 되어 있다. 브루너 등이 지적했듯이 그들 스스로가 사회의 한 행위자 역할을 하고, 인간과 기술, 인간과 인간의 관계를 새롭게 설정하고 있다 (Latour, 2005). 정보, 기술의 환경은 대중들이 빅 데이터, 새로운 정동(affect), 열정, 참여를 내놓게 만들고 그 에너지들을 다시 정보, 기술로 포섭해내고 새롭게 대중에게 전달된다. 이처럼 기술, 정보라는 구조적 환경과 대중은 변증적 관계에 놓이며 새로운 관계를 형성하며 공진화(co-evolution)하는 모습을 보이고 있다. 대중의 일상 변화를 통해 사회 변혁을 꾀하는 작업을 하는 문화연구가 이러한 미디어 정경을 비켜갈 수는 없다. 문화연구가 이 분야에 대해 더 이상 방치하지 말아야 하는 이유는 그것이 갖는 실천성 때문이기도 하다. 사회 변혁의 프로젝트인 문화연구가 대중의 가장 중요한 일상 중 하나인 정보기술과 관련된 행위, 주체과정을 피해선 안될 일이다. 그에 대한 천착없이 어떠한 변혁 실천도 어렵게 된다.

이번 책 작업은 책을 만들기 위한 작업이었다기 보다는 문화연구가 정보과학, 기술과 관련해서 무엇을 할 수 있는지, 할 수 있다면 그 가능성은 얼마 만큼인지 그리고 기존 연구에 얼마나 자극을 줄 수 있을 지를 가늠해보는 작업이었다. 그래서 먼저 심포지엄을 꾀했고, 주제에 관심 있는 연구자들과의 소통을 꾀했다. 그것의 성공여부를 차치하고, 기술정보 문화연구라는 영역의 생성을 과감하게 알리고 그에 동참할 것을 선언했다는 점에서 의미를 갖는다. 그것이 패러다임으로 가능할지를 이론 지형 그리기를 통해 모색해보고, 인문학적 혹은 사회학적 관심으로 구체적인 현상들을 접근해 문화연구적 양태를 띨 수 있는지를 점검해보는 작업들이었다. 물론 완성도가 높거나 엄청난 제안을 했거나 혹은 놀라울 정도의 발견을 해 해석을 풀어낸 작업들은 아니다. 앞서 밝힌 대로 정보과학, 기술의 영역이 문화연구와 제대로 절합하지 못한 것에 대한 반성이자 비판의 성격이 강하다. 정보과학, 기술 시대의 문화정치학으로 받아들인다면 이번 작업의 의의를 잘 이해할 수 있으리라 믿는다.

참고문헌

강대석. 1997. 『서양철학과 비판정신』. 학문사.

강상현. 2011. 「한국 사회의 디지털 미디어 기술과 사회 변동」 presented at the 한국언론학회 심포지움 및 세미나: 한국 사회의 디지털 미디어와 문화. 한국언론학회.

기어, 찰리. 2006. 『디지털문화: 튜링에서 네오까지』. 임산 옮김. 루비박스.

김상민. 2012. 「잉여미학: 뉴미디어 정치경제학 비판을 위한 노트」. 『미디어와 문화』. 푸른사상. (재수록: 2013. 백욱인 엮음. 『속물과 잉여』. 지식공작소)

김선희. 2003. 「사이버 공간이 다중자아 현상을 일으키는 존재론적 구조」. 『哲學』 74: 5~277

_____. 2004. 『사이버시대의 인격과 몸: 사이버자아의 인격성 논의를 중심으로』. 서울: 아카넷.

김수아. 2007. 「사이버 공간에서의 힘돋우기 실천: 여성의 일상생활과 사이버 커뮤니티」. 『한국 언론학보』, 51(6), 346~379.

김수환. 2011. 「너희가 병맛을 아느냐? 웰컴 투 더 〈이말년 월드〉」. 『잉여의 시선으로 본 공공성의 인문학』. 이파르.

김예란. 2012. 「'스마트' 체제에 대한 이론적 고찰- '장치'와 '주체의 윤리학'의 관점에서」. 『언론과사회』, 20(1), 178~226.

김홍중. 2009. 『마음의 사회학』. 문학동네.

남은주. 2013. 「커뮤니티 춘추전국시대 당신의 국적은 어디?」. 한겨레. 2013. 05. 22 〈http://www.hani.co.kr/arti/specialsection/esc_section/588638.html〉.

남재량. 2011. 「신규 대졸자의 주요 집단별 고용 특성」. 『월간 노동리뷰』. 한국노동연구원.

다고 아키라. 2009. 『심리학 콘서트 2』. 장하영 옮김, 스타북스.

레비, 스티븐. 1984. 『해커, 그 광기와 비밀의 기록』. 김동광 옮김. 서울: 사민서각.

로버트 P 크리스. 2012. 『측정의 역사』. 노승영 옮김. 에이도스.

미메시스. 1993. 『신세대: 네 멋대로 해라』. 현실문화연구.

박슬기. 2010년 겨울호. 「폴리에틱스(polietics), 잉여들의 정치학 혹은 시학」. 『세계의 문학』.

박태훈. 2000. 「국내 인터넷 이용자수 급증 요인 분석」. 한국인터넷정보센터.

배식한. 2001. 『인터넷, 하이퍼텍스트 그리고 책의 종말』, 서울: 책세상.

송재희, 신동윤, 박영주. 1995. 『정보사회가 오면 난 어떻게 되지? 사이버 세계의 놀이와 아름다움』. 서울: 지식공작소.

쉬벨부쉬, 볼프강. 1999. 『철도여행의 역사: 철도는 시간과 공간을 어떻게 변화시켰는가』. 박진희 옮김. 서울: 궁리.

신순호. 2006. 12. 「중도지역의 인구구조」. 『도서문화』 29집. 국립목포대학교 도서문화연구원.

아즈마 히로키. 2007. 『동물화하는 포스트모던』. 문학동네.

_____. 2012. 『게임적 리얼리즘의 탄생』. 현실문화연구.

엄기호. 2010. 『이것은 왜 청춘이 아니란 말인가』. 푸른숲.

우석훈, 박권일. 2007. 『88만원 세대』. 레디앙.

원용진. 2005. 「언론학 내 문화연구의 궤적과 성과」. 『커뮤니케이션이론』, 1(1), 163~190.

_____. 2007. 「미디어 문화연구의 진보적 재조정」. 『문화/과학』, 51, 289~305.

위준영. 2013. 「잉여스럽고 병맛스러움의 웃음에 내재된 카니발적 저항정신과 조롱의 코드: 88만원 세대의 현실과 MBC 무한도전을 중심으로」. 한국언론학회 전국대학원생 컨퍼런스 발표문.

유선영 외. 2007. 『미디어의 사회문화사』. 언론진흥재단.

윤태진. 2007. 「텍스트로서의 게임, 참여자로서의 게이머」. 『언론과사회』, 15(3), 96~130.

이광석. 2013. 1. 「'청개구리제작소': 물만 셀프가 아닙니다, 삶도 셀프」. 『나·들』, 3, 124~127.

_____. 2013. 3. 「'제작자 최태윤': 도시 해킹, 사유 개념을 전복하다」. 『나·들』, 5, 116~119.

_____. 2008. "The Political Economy of Networked Mobility: The Historical Development of the Korean Information Infrastructure, 1995~2005." Ph.D. Dissertation. The University of Texas at Austin.

_____. 2011. 「1990년대 이후 청년 세대들의 미디어 문화 정치」. 『한국 사회의 디지털 미디어와 문화』. 커뮤니케이션북스.

이기형. 2011. 『미디어 문화연구와 문화정치로의 초대』. 서울: 논형.

_____. 2012. 『우리는 디씨 : 디시, 잉여 그리고 사이버스페이스의 인류학』, 서울: 이매진

이길호. 2012. 『우리는 디씨: 다시, 잉여 그리고 사이버스페이스의 인류학』, 서울: 이매진.

이동후·김수정·이희은. 2013. 「여성, 몸, 테크놀로지의 관계 짓기- '여성되기' 관점을 위한 시론」. 『한국언론정보학보』, 62, 30~50.

이상길. 2008. 「미디어 사회문화사-하나의 연구 프로그램」. 『미디어, 젠더&문화』, 9, 5~50.

이영준. 2012. 『페가서스 10000마일』. 워크룸 프레스.

이영희. 2011. 『과학기술과 민주주의』. 문학과지성사.

임태훈. 2012. 『우애의 미디올로지: 잉여력과 로우테크(low-tech)로 구상하는 미디어 운동』. 갈무리.

장 바티스트 보튈. 2002년 가을호. 「임마누엘 칸트의 성(性)생활」, 맹정현 옮김, 『세계의 문학』.

정광수. 2007. 「해킹에 대한 윤리적 검토」. 범한철학 (46): 245~262.

정국환 외. 1996. 「정보사회의 개념정립 및 정보화 추진방안에 관한 연구」. 『한국전산원.

정준희·김예란. 2011. 「컨버전스의 현실화: 다중 미디어 실천에 관한 인간, 문화, 사회적 관점」. 이재현 (편) 『컨버전스와 다중 미디어 이용』. 서울: 커뮤니케이션북스.

정지훈. 2010. 『거의 모든 IT의 역사』. 서울: 메디치미디어.

제이 그리피스. 2002. 『시계 밖의 시간』, 박은주 옮김, 당대.

조동원. 2013. 「능동적 이용자와 정보기술의 상호구성」. 『언론과 사회』, 21(1), 184~237.

_____. 2009. 「해킹의 문화정치에서 해킹문화운동으로」. 『문화과학』 (59). (가을호): 171~206.

_____. 2012. 「개인정보 해킹·유출의 정보문화-개인정보의 가치 생산과 이용자노동을 중심으로」. 『문화연구』 1 (1): 84~116.

조정환. 2011. 『인지자본주의』. 갈무리.

조한혜정. 2007. 「인터넷 시대의 문화연구: 주체, 현장 그리고 새로운 '사회'에 대하여」. 『인터넷과 아시아의 문화연구』. 연세대학교 출판부.

질 들뢰즈. 2006. 『칸트의 비판철학』. 서동욱 옮김. 민음사.

최태윤. 2010. 『도시 프로그래밍 101: 무대지시』. 미디어버스.

_____. 2012. 『안티-마니페스토』. 뉴노멀비즈니스.

최효식. 2005. 4월. 「해커의 조건」. 『마이크로소프트웨어』.

칼 마르크스. 2008. 「철학의 빈곤」, 『경제학 · 철학초고/자본론/공산당선언/철학의 빈곤』, 김문현 옮김, 동서문학사.

통계청. 『경제활동인구조사』.

하종원, 백욱인. 1998. 「컴퓨터와 청소년문화: 현황과 전망」. 『정보화 시대의 미디어와 문화』. 세계사.

한나 아렌트. 2002. 『칸트 정치철학 강의』, 김선욱 옮김. 푸른숲.

한윤형. 2013. 『청춘을 위한 나라는 없다』. 어크로스.

한호현. 2009. 12월. 「인터넷 재난 어떻게 볼 것인가?」, 『컴퓨터월드』.

홍성욱. 2002. 『생산력과 문화로서의 과학 기술』. 문학과지성사.

홍성태. 1999. 「정보화 경쟁의 이데올로기에 관한 연구: 정보주의와 정보공유론을 중심으로」. 박사논문, 서울대학교 대학원: 사회학과.

Augé, Marc. 1995. *Non-Places: Introduction to an Anthropology of Supermodernity*, London: Verso.

B. Latour. 2005. *Reassembling the Social: An Introduction to Action-Network-Theory*, Oxford University Press.

Bakardjieva, Maria. 2005. *Internet Society: The Internet in Everyday Life*. 1st ed. Sage Publications Ltd.

Barthes, R. 1974[1970] *S/Z*, (trans.) Richard Miller, New York: Hill and Wang.

Berk, E. and J. Devlin (eds.) 1991. *Hypertext/Hypermedia Handbook*, New York: Intertext Pub.

BBDO, AOL. 2012. "Seven Shades of Mobile." ⟨http://digitallabblog.com/wp-content/uploads/2013/01/119635563-BBDO-AOL-Seven-Shades-of-Mobile.pdf⟩.

Ben Agger. 1992. *Cultural Studies as Critical Theory*, Routledge.

Bijker, W. E. 1987. The social construction of bakelite: Toward a theory of invention, in Wiebe E. Bijker, Thomas P. Hughes and Trevor Pinch (eds), *The social construction of technological systems*(pp.159~187), Cambridge, MA: MIT Press.

Bloor, D. 1991. *Knowledge and social imagery* (2nd ed.). Chicago: University of Chicago Press.

Bolter, J. D. and R. Grusin. 2006[1999]. *Remediation: Understanding New*

Media, 이재현 옮김, 『재매개: 뉴미디어의 계보학』, 서울: 커뮤니케이션 북스.

Bourdieu, P. 1991. *The peculiar history of scientific reason*, Sociological Forum, 6(1), 3~26.

Braverman, H. 1974. *Labor and Monopoly Capital: The Degradation of Work in the Twentieth Century*. New York: Monthly Review Press.

Carey, James W. 1992. *Communication as culture: Essays on media and society*. New York: Routledge.

Castells, M. 1996. *The Rise of the Network Society*. Oxford: Blackwell.

Certeau, Michel de. 1984. Arts de Faire, trans. Steven Rendell, *The Practice of Everyday Life*, University of California

Chalmers, A. 1992. *What is this thing called Science?* (3rd ed.). Indianapolis: Hackett Publishing Company, Inc.

Collins, H. & Pinch, T. 1998. *The golem at large: what you should know about technology*. Cambridge, New York: Cambridge University Press.

Cowan, R. S. 1983. *More Work for Mother*. NY: Basic Books.

D. Hebdige. 1979. *Subculture: The Meaning of Style*, Routledge.

Dainton, B. 2010. *Time and Space*, (2nd ed.), Montreal: McGill-Queen's University Press.

Dean, Jodi. 2010. *Blog Theory: Feed back and Capture in the Circuits of Drive*. Polity.

Ellul, J. 1964. *The technological society*. (1st American ed.), translated from the French title *La technique; ou, L'enjeu du siecle* by Wilkinson, J., New York: Knopf.

Ess, C. M. & Dutton, W. H. 2013. (in press). *Internet Studies: Perspectives on a rapidly developing field*. New Media & Society.

F. David Peat. *Blackfoot Physics: A Journey into the Native American Universe*, Fourth Estate, 1996.

Featherstone, M. & Burrow, R., eds. 1995. *Cyberspace/Cyberbodies/ Cyberpunk: Cultures of Technological Embodiment*, London: Sage.

Feenberg, A. 1995. *Alternative Modernity*. University of California Press.

_____. 1999. *Questioning Technology*. London: Routledge.

_____. 2010. *Between Reason and Experience: Essays in Technology and Modernity*. MA: The MIT Press.

Fischer, C. S. 1992. *American Calling: A Social History of the Telephone to 1940*. Berkeley, CA: University of California Press.

Fleck, James. 1993. "Configurations: Crystallizing Contingency." *International Journal of Human Factors in Manufacturing*3 (1) (January 1): 15~36.

Galloway, Alexander R. 2005. "Global Networks and the Effects on Culture – On the Internet Protocols, Computer Viruses, and the Challenges of Networked Communication." *The ANNALS of the American Academy of Political and Social Science* 597 (1): 19~31.

Gibson, W. 1984. *Neuromancer*, New York: Ace Books.

Gulli, A. and A. Signorini. 2005. "The indexable web is more than 11.5 billion pages," *Special interest tracks and posters of the 14th international conference on World Wide Web*, May 10~14, 2005, Chiba, Japan

Hafner, K. and M. Lyon. 1996. *Where Wizard Stay Up Late: The Origin of the Internet*, A Touchstone Book.

Hanson, N. R. 1965. *Patterns of discovery: an inquiry into the conceptual foundations of science*. Cambridge, London: Cambridge University Press.

Hartley, J. 2012. *Digital Futures for Cultural and Media Studies*. Oxford: Wiley-Blackwell.

Hay, J. & Couldry, N. 2011. *Rethinking Convergence/Culture*. Cultural Studies, 25(4~5), 473~486.

Hayles, N. Katherine. 1999. *How We Became Posthuman: Virtual Bodies in Cybernetics, Literature, and Informatics*, Chicago: The University of Chicago Press.

Heidegger, M. [1954]1977. *The Question Conccerning Technology and Other Essays*. NY: Harper & Row.

Heilbroner, R. 1994. Technological determinism revisited. in Merritt Roe Smith and Leo Marx (eds.), *Does technology drive history? The dilemma of technological determinism*(pp.53~78), Cambridge, MA: The MIT Press.

Hong, Sung-ook. 1999. *Historiographical layers in the relationship between* science and technology. *History and Technology*, 15, 289~311.

_____ . 2001. *Wireless: From Marconi's Black—Box to the Audion* (Transformations: Studies in the History of Science and Technology, MIT Press.

Huggett, N. 2010. *Everywhere and Everywhen*, Oxford University Press.

Hughes, T. P. 2001. The evolution of large technological systems. In W. E. Bijker, T. P. Hughes & T. Pinch (Eds.), *The social construction of technological systems: New directions in the sociology and history of technology* (pp. 51~82). 8th ed., Cambridge, MA: The MIT Press.

Hutchby, Ian. 2001. Conversation and Technology: From the Telephone to the Internet. Wiley—Blackwell.

Jenkins, H. 2006. *Convergence Culture: Where Old and New Media Collide.* NY: NYU Press.

Jenkins, H., Ford, S. & Green, J. 2013. *Spreadable Media: Creating Va;ue and Meaning in a Networked Culture.* NY: NYU Press.

John Holloway, "Dignity's Revolt", *Zapatistas! Reinventing the Revolution in Mexico*, Pluto Press(UK), 1998.

Jordan, Tim, and Paul Taylor. 2004. *Hacktivism and Cyberwars: Rebels with a Cause?* Routledge.

Jordan, Tim. 2002. *Activism!: Direct Action, Hacktivism and the Future of Society.* Reaktion Books.

_____ . 2008. *Hacking: Digital Media and Technological Determinism.* Polity.

_____ . 2009. "Hacking and Power: Social and Technological Determinism in the Digital Age." *First Monday* 14 (7).

Kelty, Christopher M. 2008. *Two Bits: The Cultural Significance of Free Software.* Duke University Press.

Kirkpatrick, Graeme. 2004. *Critical Technology: A Social Theory of Personal Computing.* Ashgate Publishing, Ltd.

Klein, H. K. & Kleinman, D. L. 2002. *The Social Construction of Technology: Structural Considerations.* Science, Technology, & Human Values, 27(1), 28~52.

Kuhn, T. 1996. *The Structure of Scientific Revolutions*(3rd ed.). Chicago:

University of Chicago Press.

Landow, G. P. 1992. *Hypertext: The Convergence of Contemporary Critical Theory and Technology*, Baltimore: Johns Hopkins Univ. Press.

Latour, B. & Woolgar, S. 1979. *Laboratory life: The social construction of scientific facts*. Beverly Hills : Sage Publications.

_____. 1987. *Science in Action: How to Follow Scientists and Engineers through Society*. Cambridge, MA: Harvard University Press.

_____. 1993. *We Have Never Been Modern*. Cambridge, MA: Harvard University Press.

_____. 1999. *Pandora's Hope: Essays on the Reality of Science Studies*. Cambridge, MA: Harvard University Press.

_____. 2000. Where Are the Missing Masses? The Sociology of a Few Mundane Artifacts, in Bijker, W. & Law, J., (Eds.), *Shaping Technology/Building Society: Studies in Sociotechnical Change*(3rd Ed.). Cambridge, MA: MIT Press.

Latour, Bruno. 1987. *Science in Action: How to Follow Scientists and Engineers Through Society*. Harvard University Press.

Layton, E. 1971. Mirror-image twins: The communities of science and technology in the 19th-Century America. *Technology and Culture*, 12, 562~580.

Lefebvre, H. 2011[1974]. *La Production de L'espace*, 양영란 옮김, 『공간의 생산』, 서울: 에코리브르.

Lévy, P. 2002[1995]. *Qu'est-ce que le virtuel?*, 전재연 옮김, 『디지털 시대의 가상현실』, 서울: 궁리.

Lievrouw, L. A. & Livingstone, S., eds., 2002. *Handbook of new media: Social shaping and consequences of ICTs*. London: Sage.

Lievrouw, Leah. 2011. *Alternative and Activist New Media*. 1st ed. Polity.

Loader, B. D. & Dutton, W. H. 2012. *A Decade in Internet Time*. Information, Communication & Society, 15(5), 609~615.

Lundemo, Trond. "Why Things Don't Work. Imagining New Technologies From The Electric Life to the Digital." In: Pasi Väliaho and Tanja Sihvonen (eds.) *Experiencing the Media: Assemblages and Cross-overs*, (Turku: University of Turku, 2003), 13~28.

MacKenzie, D. 1984. *Marx and Machine. Technology and Culture*, 25(3), 473~502.

Manovich, L. 2001. *The Language of New Media*. MA: The MIT Press. 2001.

_____ . 2008. *Software takes command book*. Version 11/20, Available online at http://lab.softwarestudies.com/p/softbook.html

Marvin, C. 1988. *When Old Technologies were New: Thinking about Electric Communication in the Late Nineteen Century*, Oxford, England: Oxford University Press.

Meyer, James. 2000. "Functional Site: or, the Translation of Site Specificity", in E. Suderburg (ed.), *Space, Site, Intervention*, Minneapolis : University of Minnesota Press.

Moulier Boutang, Yann. 2011. *Cognitivecapitalism*. Polity.

Mumford, L. 1967. *The Myth of the Machine*. New York: Harcourt, Brace & World.

Nielson, J. 1995. *Multimedia and Hypertext: The Internet and Beyond*, AP Professional

Noble, D. F. 1979. Social Choice in Machine Design: The Case of Automatically Controlled Machine Tools, in A. Zimbalisr, (ed.), *Case Studies on the Labor Process*(pp.18~50). London and NY: Monthly Review Press.

Norberg-Schulz, Christian. 1985[1971]. *Existence, Space and Architecture*, 김광현 옮김, 『실존, 공간, 건축』, 서울: 泰林文化社.

Novak, M. 1993. "Liquid Architectures in Cyberspace," in Michael Benedikt, (ed.), *Cyberspace: First Steps*, Cambridge, Mass: MIT Press.

P. de Guy et al.. 1996. *Doing Cultural Studies: The Story of the Sony Walkman*, Sgae Publications.

Parikka, Jussi. 2007. *Digital Contagions: A Media Archaeology of Computer Viruses*. Peter Lang Publishing.

Perelman, Michael. 2004. *Steal This Idea: Intellectual Property Rights and the Corporate Confiscation of Creativity*. Palgrave Macmillan.

Pinch, T. & Bijker, W. [1987]2001. The social construction of facts and artifacts: or How the sociology of science and the sociology of technology might benefit each other. In Bijker, Wiebe (ed.)

Shaping technology/building society: studies in sociotechnical change(pp.75~104). Cambridge, MA: MIT Press.

_____ . 1984. *The social construction of facts and artifacts: or How the sociology of science and the sociology of technology might benefit each other.* Social Studies of Science, 14(3), 339~441.

Pinch, T. 1996. The social construction of technology: A review, in Robert Fox (ed.) *Technological Change: Methods and Themes in the history of technology*(pp. 17~36), Amsterdam: Harwood.

Quine, Willard Van Orman. 1953. Two dogmas of empiricism. in Quine, W. V. O. (ed.), *From a logical point of view: logico—philosophical essays.* Cambridge, Harvard University Press. Available online at http://www.ditext.com/quine/quine.html

R. Williams. 1974. *Television: Technology and Cultural Form.* London: Wesleyan University Press.

Raahauge, Kirsten Marie. 2008. "Transit Space: No Place is Nowhere," *Knowledge, Technology & Policy* 21(3): 125~130.

Relph, Edward C. 2005[1976]. *Place and Placelessness.* 김덕현, 김현주, 심승희 공역, 『장소와 장소상실』, 서울: 논형.

Rose, H. & Rose, S. (eds.) 1976. *The radicalization of science: Ideology of/in the natural science.* London: Macmillan.

Schweidler, Christine, and Sasha Costanza—Chock. 2005. "Piracy." In *Word Matters: Multicultural Perspectives on Information Societies,* edited by Alain Ambrosi, Valerie Peugeot, and Daniel Pimienta. Caen, France: C & F Éditions.

Scranton, P. 1994. Determinism and Indeterminacy in the History of Technology, in Merritt Roe Smith and Leo Marx (eds.), *Does technology drive history? The dilemma of technological determinism*(pp.143~168), Cambridge, MA: The MIT Press.

Shirky, Clay. 2011. *Cognitive Surplus,* 이충호 역 (2010), 『많아지면 달라진다』, 갤리온.

Silver, D. 2006. Introduction: Where is Internet Studies? in Silver, D. & Massanari, A. (eds.), *Critical Cyberculture Studies*(pp.1~16). NY: NYU Press.

Smith, M. R. 1994. Technological determinism in American culture. in Merritt Roe Smith and Leo Marx (eds.), *Does technology drive history? The dilemma of technological determinism*(pp.53~78), Cambridge, MA: The MIT Press.

Söderberg, Johan. 2008. *Hacking Capitalism: The Free and Open Source Software Movement*. Söderberg. Routledge.

Star, S. L. & Bowker, G. C. 2002. How to infrastructure, in Lievrouw, L. A. & Livingstone, S., (eds.), 2002. *Handbook of new media: Social shaping and consequences of ICTs*(pp. 151~162). London: Sage.

Taylor, Paul A. 1999. *Hackers: crime in the digital sublime*. Routledge.

Tuan, Yi-fu. 1995[1977]. *Space and Place*. 구동회, 심승희 공역, 『공간과 장소』, 서울: 대윤.

Turner, G. 2012. *What's Become of Cultural Studies?* London: Sage.

Wajcman, J. 2004. *Technofeminism*, Oxford: Polity Press.

Wajcman, Judy. 1991. *Feminism Confronts Technology*. University Park, PA: Pennsylvania State University Press.

Walser, Randal. 1994(1991). "The Emerging Technology of Cyberspace," 노용덕 옮김, 「새로운 기술, 사이버스페이스」, 『가상현실과 사이버스페이스』, 서울: 세종대학교 출판부.

Williams, R. 1994. The political and feminist dimensions of technological determinism, in Merritt Roe Smith and Leo Marx (eds.), *Does technology drive history? The dilemma of technological determinism*(pp.217~235), Cambridge, MA: The MIT Press.

Winston, B. 1998. *Media Technology and Society: A History From the Telegraph to the Internet*. London: Routledge.

색인

필자 소개

▌ 이광석

서울과학기술대학교 IT정책전문대학원 디지털문화정책전공 교수다. 텍사스(오스틴) 주립대학 Radio, Television & Film 학과에서 박사학위를 받았다. 주요 단독 저서로는 『사이버 문화정치』(1998), 『디지털 패러독스』(2000), 『사이방가르드: 개입의 예술 저항의 미디어』(2010), *IT development in Korea: A Broadband Nirvana?*(2012), 『디지털야만: 기술잉여, 빅데이터와 정보재난』(2014) 등이 있다. 주로 하는 연구는, 정보·문화연구, 정보자본주의, 문화의 정치경제학, 커먼즈연구, 감시연구, 문화·예술행동주의 등이다.

▌ 원용진

현재 서강대학교 커뮤니케이션학부 교수다. 위스컨신대학 Communication Arts과 졸업하였고, 문화연구를 전공했다. 『한국 텔레비전드라마 역사』(2013, 공저), 『한국방송의 사회문화사』(2012, 공저), 『새로 쓴 대중문화의 패러다임』(2010), 『아메리카나이제이션』(2008, 공저), 『PD저널리즘』(2008, 공저), 『815의 신화』(2007. 공역) 등의 저서가 있다.

▌ 김상민

미국 조지메이슨대학교 문화연구 프로그램 박사과정에 있으며 인천 송도에 위치한 한국조지메이슨대학교에서 운영실장을 맡고 있다. 한국 사회에서 잉여 문화, 뉴미디어, 새로운 자본주의적 수탈에 대한 박사학위논문을 준비 중에 있다. 역서로『하이테크네』등이 있고, 『신체, 어펙트, 뉴미디어』, 『잉여미학: 뉴미디어 정치경제학 비판을 위한 노트』등의 논문을 발표했다. 주요 연구 분야는 문화연구, 뉴미디어, 시각문화, 미학, 과학기술학 등이다.

▌ 이길호

서울대학교에서 인류학과 경제학을 공부하고 「우리는 디씨: 사이버스페이스에서 증여, 전쟁, 권력」(2010)이라는 논문으로 석사학위를 받았다. 서울대학교 인류학과 대학원에서 사이버스페이스의 인류학에 관한 연구를 계속하고 있다. 지은 책으로『우리는 디씨: 디시, 잉여 그리고 사이버스페이스의 인류학』(2012), 『속물과 잉여』(공저)(2013)가 있으며, 「사이버스페이스에서 증여의 논리」(2011), 「사이버스페이스의 인류학: 존재, 행위, 장소」(2011) 등의 글을 발표했다. 주요 연구 분야는 사이버스페이스에서 증여, 전쟁, 권력의 문제, 사이버스페이스의 공간성과 장소성, 사이버스페이스의 존재론과 행위론, 사이버스페이스와 국가 등이다.

▌이영준

기계비평가다. 원래 사진비평가였던 그는 기계에 대한 자신의 호기심을 스스로 설명해 보고자 기계비평을 업으로 삼게 됐다. 그 결과물로『기계비평: 한 인문학자의 기계문명 산책』(2006), 『페가서스 10000마일』(2012), 『조춘만의 중공업』(2014) 같은 저서를 썼다. 또한 사진비평에 대한 책(『비평의 눈초리: 사진에 대한 20가지 생각』, 2008)과 이미지 비평에 대한 책(『이미지 비평의 광명세상』, 2012)도 썼다. 현재 계원예술대학교 융합예술과에서 예술비평과 기계비평을 융합하려 애쓰고 있다.

▌임태훈

성균관대 국문과 현대문학 전공으로 박사과정을 수료했다. 미디어 연구자, 문학평론가, 인문학협동조합 미디어 기획 위원장 등 다양한 활동을 하고 있다. 주요 연구 분야는 로우테크 미시사, 사운드스케이프 문화사, 정보 자본주의, 미디어 행동주의 등이다. 대표 저작으로『우애의 미디올로지: 잉여력과 로우테크(low-tech)로 구상하는 미디어 운동』(2012), 『문학사 이후의 문학사』(2013, 공저), 『옥상의 정치』(2014, 공저)가 있다.

▌조동원

청개구리제작소 요원, 문화과학 편집위원, 정보공유연대 운영위원으로 활동하고 있다. 뉴미디어의 기술적이고 물질적인 측면에 관심을 갖고 정보기술문화의 역사와 정치경제를 연구하고 있다. 「능동적 이용자와 정보기술의 상호구성-전자게시판 이용자를 중심으로」(2013), 「이용자의 기술놀이: 개인용컴퓨터 초기 이용자의 해킹을 중심으로」(2014) 등의 논문을 썼다.

▌최빛나 · 송수연(청개구리 제작소)

청개구리제작소에서 활동하고 있는 최빛나는 디자이너, 송수연은 문화활동가이다. 주요 활동은 '제작/기술-예술-디자인'으로 다양한 연구 워크숍과 프로젝트를 실험하며 제작기술문화의 현장을 리서치하고 있다. 주요 관심사는 풀뿌리 제작기술문화가 정치경제문화와 어떤 영향을 주고받고 있는 지에 관한 것으로 현재 문래동에서 디스코-텍(Disco-Tech)이라는 작은 공간을 자율적으로 운영하며 관심사를 실험중이다. (www.fabcoop.org)